中华优秀传统文化赋能育人新生态系列

非遗在附小

（下）

张锦庭 主编

南方日报出版社
NANFANG DAILY PRESS
中国·广州

目录 CONTENTS

（下）

传统医药

传统体育、游艺与杂技

民间文学

传统舞蹈

青花艺术——雨过天青云破处

伍凯　罗清

发现　挖掘生活中的非遗

2007年周杰伦的一首《青花瓷》红遍大江南北，一首歌让这种富有中国古典形态的艺术品走进大家的视野。

提问：你知道什么是青花瓷吗？元青花为什么价值连城?

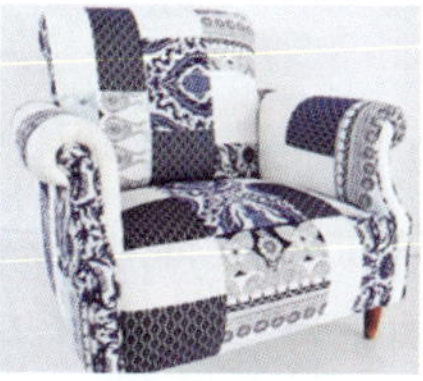

生活中的青花瓷元素

青花艺术是我国非遗之一，其所描绘和表现的内容十分丰富，具有很高的艺术价值和成就。青花瓷又称白地青花瓷，常简称为青花，是中国瓷器的主流品种之一，属釉下彩瓷。青花是我国最具民族特色的瓷器装饰，也是我国陶瓷装饰中较早发明的方法之一。

青花瓷器具

青花纹样作为民族文化的重要组成部分，以其独特的色彩、纹饰和造型向世人昭示着它的魅力与风采。它是我国传统文化的瑰宝，也是我国民间艺术最为杰出的表现形式之一。蓝白相间的青花瓷色彩清秀素雅，图案款识种类繁多，青花已经成为中国元素的象征之一。

元青花无论是颜色、画艺、质量，都是青花瓷中的上乘佳作，工艺登峰造极。元青花存世量极为稀少，正宗的元青花全世界不过300件，画有人物的元青花罐更为稀少，全世界不足10个，都藏于博物馆和私人手中。北京故宫、台北故宫博物院乃至全国所有的博物馆，都没有一件元青花人物罐。

元青花瓷

1. 发展历程

元青花是一个划时代的作品，它与唐宋年间的陶瓷有着本质性的区别。元朝建立后，有大批穆斯林知识分子、商人通过丝绸之路来到中国。受西域文化影响的中国工匠，开始将传统的中国图案，用青花原料画在瓷胎上，烧制出赏心悦目的青花瓷，使中国陶瓷从素瓷向彩瓷过渡，其丰富的绘画艺术更赋予了中国陶瓷装饰性的功用。

2. 艺术特色

元代景德镇陶工在继承唐宋制瓷成就的基础上进一步创新，弥补了形体上工艺粗糙的不足，使元青花更精美。元青花瓷的胎由于采用了“瓷石＋高岭土”的二元配方，烧成温度提高，焙烧过程中的变形率减少。胎体厚重，造型厚实饱满。元青花的纹饰最大特点是构图丰满，层次多而不乱。笔法以一笔点画多见，流畅有力，勾勒渲染则粗壮沉着。

在笔韵、墨韵及料韵方面，借鉴国画手法，用分水的浓淡来表现焦、浓、重、淡、清的墨阶层次，使青花像国画一样呈现出浓淡散晕的自然变化色调，再加上青花常用的“青白釉”经高温一次烧成后，光润的瓷面透出沉着典雅的天青色，素雅高洁。

3. 艺术题材

内容十分丰富，草木、山水、花鸟、人物、走兽等无所不融。主题纹饰的题材有人物、动物、植物、诗文等。动物有龙凤、麒麟、鸳鸯、游鱼等；植物常见的有牡丹、莲花、兰花、松、竹、梅、灵芝、瓜果等。

民间青花在表现一定物象的同时，往往寄托着陶瓷艺人的某种情思。这种物象实际上是艺人们的一种“意象”，是一种抽象的艺术处理手法。这种抽象的艺术手法可说是民间青花的重要特征。很多民间青花作品都是在具象造型的外壳中包含了许多抽象造型的词汇，使人们一眼就能看出是画的什么，但又不十分真实。还有更为大胆泼辣的作品，抽象的成分就更多。如《婴戏图》画面，只是用随意的几根线和几个点，抓住小孩嬉戏时的主要动态，一挥而就，是记忆与想象的产物，自然流露出一种有节奏的韵律美感。很像中国的书法，也是以笔墨线条直接表现心灵的艺术。

4. 工艺特点

青花瓷用氧化钴作为原料，经高温一次烧成后呈白地蓝花，对比强烈，花纹明净素雅，有中国水墨画的艺术魅力，不但适合装饰餐具、茶具等日用瓷，也适合大型墙饰等背景使用。

5. 装饰手法

自由活泼，不拘程式，多种多样。从装饰形式的格局上看，有开光式、团花式、散点式、折枝式、穿枝式、画意式等等，可谓丰富多变，式样繁多。青花艺术与其他陶瓷装饰显著不同的地方是，大量使用写意式的图案。如明初的莲花小碗，虽是二方连续纹样，但不求工整，完全以写意画的笔法画成，自由自在，随笔寄兴，抒情达意，洒脱自然。其工艺性相对减少，绘画性明显加强，这也是民间青花千姿百态装饰艺术的一个重要标志。

创新 实践活动异想天开

【技法实操】

（1）淘炼胎土。瓷器是用瓷土即高岭土烧制成的，天然瓷土含杂质较多，需要淘洗出大部分杂质，将来烧成的瓷器才会坚致细腻白润。

（2）制胚。淘洗好的瓷土制成各种器形晾干。

（3）绘画。等干燥后在器表先用青花料绘制图案。

（4）罩釉。把已经画好纹饰的瓷胚外面罩上一层釉水，一般有粘釉、刷釉、浸釉、吹釉等方法。

（5）烧制。将罩釉后的瓷胚经高温烧制，釉下的青花料就呈现出美丽的蓝色。如果青花料外面不罩釉，烧成后瓷器表明的纹饰呈现棕色而不是蓝色。

制作青花瓷流程

结语 传承非遗五育并举

【明理导行】

（1）中国景德镇青花瓷是非物质文化遗产里的瑰宝。2006 年 5 月 20 日，景德镇手工制瓷技艺被列入第一批国家级非物质文化遗产名录。China 是中国，china 就是瓷器。小小青花瓷，浓缩着中国的传统文化。

（2）初了解青花瓷盘的造型、图案设计运用，感受传统艺术的魅力。掌握陶瓷历史文化、青花的独特文化内涵和工匠精神，尊重传统文化，增强民族自豪感。

（3）欣赏一组青花瓷盘，试一试能不能按照纹饰，给它们分分类。花鸟、山水、人物。青花瓷纹饰题材十分丰富，有山水人物、龙凤花鸟、鱼虫鸟兽、诗文博古、吉祥图文等，试运用象征、比拟、谐音等手法分析其中表达的吉祥美好之意。

【传承故事和传人】

（1）王步

近代青花艺术家。2011 年 12 月 7 日，在中国现当代陶瓷艺术专场拍卖会上，编号为 5585 的王步作品《青花灵禽春夏秋冬四屏》震撼登场，最终以 2350 万元成交，创下近年来景德镇近当代陶瓷艺术品天价。他的这套作品的拍卖价格几乎可以与官窑瓷的价格相媲美。这代表着藏家与市场对他的认可，也从侧面证明了王步对近代瓷乃至当代瓷在中国陶瓷历史中的深远意义。这套作品表现了王步先生的各种青花绘制技巧与特色，画面明净莹澈、苍翠隽秀，所绘的灵禽神态逼真，生机盎然，富有自然气息。通过四禽来展现四季更替，也传达了生生不息的理念。

《青花灵禽春夏秋冬四屏》

（2）“青花泼墨大师”孙同鑫

孙同鑫

孙同鑫，江西丰城人。祖辈四代以陶瓷为业，江西省工艺美术大师，中国民间文化杰出传承人，“釉下泼墨”的技法创始人。青花泼墨技法与国画泼墨相似，但也有许多不同之处。泼墨是写意国画传统，国画中的墨是水料，在纸面上很快就可以晕染开来。但是瓷画中的青花是油料，要使青花泼墨呈现出很好的艺术效果，首先要解决油墨流动性的问题，然后要面对瓷板素坯具有极强吸水性的挑战，确保泼时油料不会瞬间凝固。将和液体差不多的青花水料泼洒在吸水性极强的陶瓷胚胎上，然后在火中成画。这样，泼出的青花在画中可以达到一种浓淡得当、虚实有度的呈现效果。孙同鑫对这种泼墨技法得心应手的运用，不仅极大地丰富青花瓷画的创作手段，更给画面增添了一股磅礴大气之感。

孙同鑫先生的作品受益于王步青花，但又不同于王步青花，他的青花在于青花釉材运用的突破。在孙同鑫先生的作品里，我们可以看到云雾空蒙、峰谷厚重、飞瀑奔腾、山树俊逸。整个画面既有泼墨挥洒的磅礴气势，也含青花凝练的深远意境。

【知识课堂】

青花瓷是用含氧化钴的钴矿为原料，在陶瓷坯体上描绘纹饰，再罩上一层透明釉，经高温还原焰一次烧成的。钴料烧成后呈蓝色，具有着色力强、发色鲜艳、烧成率高、呈色稳定的特点，是我国最具民族特色的瓷器装饰。原始青花瓷于唐宋已见端倪，成熟的青花瓷则出现在元代景德镇的湖田窑。明代青花成为瓷器的主流。清康熙时发展到了顶峰。明清时期，还创烧了青花五彩、孔雀绿釉青花、豆青釉青花、青花红彩、黄地青花、哥釉青花等衍生品种。

广彩工艺——彩笔丹青描出传承希望

易艳珍

发现 挖掘生活中的非遗

广彩开光人物图大宾治碗

直径 59.5 厘米，高 24 厘米，谁能相信这陈列在广州博物馆的巨大容器居然是一只碗？这就是“中国广彩第一碗”，学名是“广彩开光人物图大宾治碗”，是 19 世纪上半叶从广州十三行销往欧洲的广彩瓷器，59.5 厘米的口径，差不多能装下 40 瓶大瓶可乐的容量。再来细看这只大碗，除了尺寸惊人，大碗的做工和装潢也精美绝伦，金碧辉煌。碗内壁和碗外壁均是彩绘的各式人物图案、花鸟甲虫，仅人物便多达 202 个。经历了百年在海外漂泊的历史，这件旷世珍宝终于回归祖国，永久保存在广州博物馆中。

像“中国广彩第一碗”这样，绚彩华丽，构图严谨，绘工精细，金光灿灿，充满洛可可风格，是广彩瓷最大的艺术特征。曾经有文人用诗赞美广彩瓷：“彩笔为针，丹青作线，纵横交织针针见，何须锦缎绣春图，春花飞上银瓷面。”广彩，亦称“广州织金彩瓷”，顾名思义，是在白瓷胎面绘满色彩斑斓的图案烧烘而成的一种釉上彩瓷，宛如万缕金丝织白玉。作为主要用来外销的瓷器，广彩既兼容西洋器皿型制、绘制技法与图案，又饱含广府民间传统风情。

广彩瓷烧制技艺在 2008 年经国务院批准，被列入第二批国家级非物质文化遗产名录。

寻根 扫码观看前世今生

中国的陶瓷文化源远流长，一向追求风雅、素净，设计精巧、含蓄，重在意境，而广彩瓷却有不同于寻常陶瓷的特点。广彩瓷有什么独特的魅力可以在明清时期众多的瓷器中成为外销的黑马呢？

这与广州的地域位置有很大的关系。清朝时期，广州是中国唯一的对外通商口岸，当时瓷器商人在江西景德镇订了货要运来广州交货，路途遥远，瓷器难免磕磕碰碰，加上从定稿到生产再到出口程序烦琐，很不方便。康熙年间，江西景德镇有两个广东候补官员——杨快和曹琨，他们因长期不能上任，为了解决生计问题，利用自己本是瓷乡人，熟悉瓷器上彩技艺，就在广州带徒，招收本地人做瓷器。怎料越做越好，不断扩大，渐渐地广州也有瓷器制作了。

广彩瓷始为三彩，到清代发展为五彩，刚开始时广彩样式和景德镇基本上没有什么区别，当时中国本土颜色比较单调，只有五种颜色。中国的釉上彩比较低温，只有700—800摄氏度。广彩在乾隆年间逐步形成独特的艺术风格，至今已有近300年历史。广彩初露峥嵘，就成为清宫贡品，现北京故宫仍藏有乾隆时的广彩作品《品碗》《凸珠琵琶瓶》。

清康熙二十三年（1684年）解除海禁，次年中国历史上正式建立海关，此时外国来华贸易的商船随之增多。西洋重华瓷，在广州订货或来样加工，因而促进了广彩瓷器的生产和发展。康熙中晚期至雍正时期，是广彩的初创阶段，国内流传下来的实物很少。此时无论是师傅还是颜料都来自景德镇，大多依照景德镇彩瓷纹样绘制，仍带有较多的景德镇彩瓷的痕迹，色彩对比度不像后来的那么强烈。

17世纪至18世纪，广彩逐步形成鲜明个性之时，也正值欧洲洛可可风尚和中国热风靡之至。因而作为外销瓷器品种之一，广彩瓷器的器型有部分模仿自西方的银器；而纹饰亦大量地模仿西方的艺术形式，以浓烈的色彩和弯曲妙曼的线条，迎合当时西方人的审美情趣，不少作品体现浓厚的洛可可艺术风格。19世纪以后，广彩因市场的变化导致了风格的突变，构图丰满、色彩绚丽、金碧辉煌的风格成为广彩的典型特色而流传至今。

18世纪至19世纪早期，广彩瓷器多销往欧洲，因而当时欧洲的洛可可风尚对广彩瓷器的影响较为明显。在绘画技法上除了延续中国传统画法，还引入西洋绘画的透视技法，尤其是深受西方油画和版画的影响，用彩厚重。纹饰多用“S”形的线条装饰，色彩明艳。欧洲定制的纹章瓷在此期的进口最为大量。人物、花卉、庭院风景等纹饰既有西式的，也有中式的。中式人物中的“满大人”（指清代官员的日常家居情景）纹饰较受欢迎，成套定制的餐具、茶具、咖啡具也开始大量出现。

在乾隆四十九年（1784年）“中国皇后”号首航成功后，广彩的销售市场逐步转向美国为主。与欧洲以社会上层为主要消费对象不同，广彩瓷器在美国深受社会各阶层的欢迎。当时美国广为流行金色调的装饰风尚，导致了广彩瓷器向以浓烈的大红、大绿、大金为装饰的风格转变，尤其是金彩的使用空前突出。构图丰满、色彩绚丽、金碧耀眼，成为广彩的典型特色而延续至今。程式化的风格演变也是为了适应市场大批量生产的需求。此阶段“满大人”、西洋人物和西洋风景、西洋花卉等纹饰逐渐消失，以中式明装人物、中国山水风景和花鸟图案为主的纹饰增多。

清末至民国初期，广彩瓷器在延续传统风格的同时，因岭南画派画家的介入而出现了另外一种风格——在瓷器彩绘画中融入中国画的技法，使广彩画面中出现了类似浅绛彩和新彩的特点，绘画题材有的也暗寓政治。这种短暂的探索为广彩的发展注入了新的活力。而民国中期以后，因战乱等原因，广彩瓷器的生产大受冲击，多移至港澳，此时广彩瓷器又恢复到以传统风格为主的风格。

纵观广彩瓷的发展，广彩瓷具有浓重的西方文化艺术色彩，装饰内容却极富有岭南风格特色，纹样既完整又统一，布局整齐，形成独特的岭南艺术。广彩的传统纹饰有花篮、龙凤、彩蝶、金鱼等，最常用的构图有花边图案未出的花卉、物景和人物。

广彩瓷因它的外销特征而兼容了东西文化的内涵，成为中西文化互动和交流的载体，“广彩工艺”是由中华文化与西方文化的相互碰撞、比较、交融以后形成的一种新艺术表现形式。

问道 拓展阅读学艺知技

广彩瓷的素白瓷胎来自江西、湖南、广东等瓷区，所用颜料有大红、西红、水青、大绿、鹤春、艳黑、双黄等20多种，用织、填、染、洗、描、堆、刻、刷等陶瓷器装饰技巧绘制花纹图案，用立式或井式电窑于800摄氏度左右烤烧而成。广彩瓷色彩鲜艳浓重，构图精致紧密，在洁白的瓷器上积上金地，如万缕金丝织于宝石之上，有雍容华贵之感，在中国釉上彩系列中独树一帜，自成风格。

1. 工艺流程

广彩瓷本身的制作工序其实已经相当复杂，尤其是在彩绘环节。其烧制技艺主要包括彩绘颜料制作、彩绘工具运用、封金“斗彩”技艺等。彩绘类型可分为手工彩绘、定烧彩绘、积金彩绘、岭南画派彩绘四大类。一般来说，广彩瓷制作不涉及素瓷坯的烧制，皆购进其他窑口现有胎。因此，广彩瓷制作主要可以分为设计图稿、挑选瓷胎、调制色料、彩绘及二次烘烧等五个步骤。

第一步的设计图稿，早期广彩一般是直接用景德镇瓷器发来的图案样稿，后来广彩形成自有体系后，改为由专门负责的商业组织——灵思堂来制定样稿设计及版权买卖的规则。图稿设计为彩绘样板后，可以先依样彩绘再外销，但更多的是由顾客挑选指定图案，再进行彩绘。

有了彩绘样稿，广彩制作者就需要挑选合适的素瓷胎，进行彩绘的准备。素瓷胎的挑选标准，不仅以釉面平整、光洁为主，还要考虑釉面色彩，白度不作一定要求，但是不能发黄、发黑。

将瓷胎反复擦拭干净并配制好色料后，匠人们就可以进行彩绘，这是整个广彩瓷制作中最关键的一个步骤，通常由以下六个环节组成：

（1）开幅、车线、令圈：确定构图轮廓及边线，描绘纹饰中的圈形。

（2）写瓷黑：瓷黑是一种端石粉末制成的特殊材料，写瓷黑就是描绘纹样的过程，可以类比素描线条。

（3）填色：在已完成图案描绘的瓷胎上填上各种彩料，最重要的一点是分清和掌握图案上的厚彩与薄彩处，同色的整条线的色彩则要求均匀如一。

（4）省面、挞花：所谓省面，其实就是再重复一次写瓷黑，但是只用于花鸟虫鱼的羽毛、肌骨、花瓣、草茎等部位。而挞花的适用范围进一步缩小，用于画出层次、明暗均清晰分明的花瓣，且不能千篇一律，要对应实际的花形。

（5）积金、填绿：积金是指在图案纹样留白处，以金水或金彩填涂铺满，这也是广彩被称为“织金”的关键。填绿，顾名思义就是填涂绿彩，适用于积好金的图案纹和花果枝叶，其目的在于盖好描绘线条，使其不空线、不过线。

（6）最后，瓷器入窑，逐层加温至 700 摄氏度，低温烧成。烧制结束后静置 3 小时方可开炉取瓷。至此，一件完整的广彩瓷器才算完成。

2. 广彩的传承

广彩行业的发展受经济环境影响比较大，经济好时就发展得好，不好时就走下坡路，在风云变幻的中国近现代史历程中，广彩技艺一度濒临绝迹。曾经让中国人骄傲的民间精湛技艺何以陷入如此窘境呢？

广彩在发展中，经历兴盛至式微的风雨往昔。20 世纪 50 年代，广彩发展优于很多民间工艺。20 世纪 80 年代，因受之前“文革”的影响，广彩只能慢慢恢复。广彩在 1989 年前后开始衰弱，因为国际上提高了对物件铅含量的要求，当时广彩颜料含铅量大，制作精良的瓷器遭遇“出口限制”，很多广彩人纷纷转行，因为出口少了，又没有什么观赏瓷，批量生产没有市场，加上精品的缺失，广彩陷入尴尬局面，使得工艺师日渐稀缺。目前在广彩行业，具备完整广彩工艺制作技能的人不超过 40 人。然而这种传统工艺的培养需要三年左右，许多耐心不足的年轻人半途放弃了，或是小有成

广彩瓷盘

就的学员另辟蹊径创业去了，这种状况使得广彩厂的工艺师更加稀缺。

到了20世纪90年代初，由于出口量的锐减，技术人员不断流失，制作颜料的人逐渐消失，广彩颜料出现稀缺的问题。20世纪70—80年代存留下来的颜料基本用完，广彩行业将面临无颜料可用的局面。现今广彩订单主要是以观赏瓷为主，有别于以前的餐饮用具，对传统颜料的需求也在减少。制作高精品广彩瓷所用的颜料不多，但对颜料的发色要求更多了。为应对原料的不足，不少广彩艺人使用其他地方生产的颜料代替。只在制造高精品时才会使用传统颜料，但如此生产出来的广彩，颜色不同，似乎也变味了。为挽救广彩，广州市非物质文化遗产保护中心专门组织成立了广彩颜料研究小组，希望能尽快找到恢复传统广彩颜料批量制作的方法并进行生产，让广彩行业继续传承下去。

创新 实践活动异想天开

【传承人物】

谭广辉，1961年生于广州，广东省工艺美术大师，高级工艺美术大师，高级技师，是国家级非物质文化遗产项目广彩代表传承人，享受国务院特殊津贴。谭广辉大师熟练掌握广彩技法的运用与表现，在传统着彩方法基础上，大量地吸收西洋画的手法，与中国画画法有机结合，以色彩绚丽、图案工整、画工精细为特色，尤其擅长广彩“长行人物”的传统绘法。这位对广彩充满热忱的大师，将广彩的传承和发扬始终放在心上。近年来，为了传承广彩，他在广州轻工职业技术学院三年学徒制培训班上课，培养新一代广彩传承人才；从培养年轻一代兴趣和基础知识开始，循序渐进，为传统文化和技艺的传承和发扬尽一份自己的力量。

谭广辉

投身广彩事业30余年，谭广辉大师数十年如一日地亲身躬行，以自己的实际行动追寻着自己的愿望——“推动广彩本土文化，让广彩再度吸引世人目光”。

广彩开光人物纹大碗（清雍正时期）

广彩锦地描金风景人物纹大碗（清乾隆时期）

广彩开光人物纹大碗，大碗上画的是吹拉弹唱场面，是到访广州的外国人看到这些演出后，被深深吸引住了，才特别要求以此为题材的。对于外国人而言，既有纪念意义，又能给亲朋好友带去新鲜感，因为琵琶、快板、二胡这些乐器是欧洲所没有的。

广彩锦地描金风景人物纹大碗，大碗上绘制的是英国皇室贵族的狩猎图——西洋大城堡，200 多只猎犬，还有策马奔腾的外国人。当时的工匠是没有见过外国狗的，这种图案属于来样加工。

广彩九龙椭圆碟（清嘉庆时期）

广彩开光人物故事对瓶（清嘉庆道光时期）

广彩九龙椭圆碟，这是嘉庆时期的广彩瓷名品。嘉庆年间瓷上画龙的很少，尤其是五爪龙，为皇权的象征，必须是官窑上才能有。当时会出现这样的广彩瓷，说明贸易的刺激很大。

广彩开光人物故事对瓶，瓷瓶上画的是“贾府寿宴图”，每只瓶子上有 80 个人物，描绘的是清朝一品大员为母亲祝寿的场面。瓶子上一面画着大官和他的母亲以及众女眷，贵妇们身披金坎肩，手持玉如意；另一面则画着账房先生在称金子，周围是排队呈上礼金的来客。

每一件广彩作品都凝聚了制作师傅的巧思和心血，广彩瓷的诞生来之不易。

结语 传承非遗五育并举

【明理导行】

广彩艺术是“融合”也是“包容”，它是由中华文化与西方文化相互碰撞、比较、交融以后形成的一种新艺术表现形式。广彩瓷具有浓重的西方文化艺术色彩，装饰内容却极富有岭南风格特色，纹样既完整又统一，布局整齐，形成独特的岭南艺术。

广彩是在特定的历史背景下产生的一个外销瓷品种，因而形成了独特的个性和魅力。它一方面因中国元素而吸引追逐中国趣味的西方人，另一方面又融入西洋元素以迎合西方品位。它成为中西文化互动和交流的载体，兼容了东西文化的内涵，体现出人类文化与审美的多样化。

广彩瓷是岭南文化的重要载体，蕴含着丰富的文化内涵，历史悠久，其烧制技艺根植于民间，体现出中西彩瓷技艺融合、颜料制作独特、岭南文化特色浓厚、彩绘手法和题材内容丰富这四大特征，展示出广彩瓷烧制技艺在文化、历史、经济、实用和科学技术等方面的重要价值，具有重要的文化和历史研究价值。

像广彩这样的传统工艺的传承，不应只是一个简单的复制过程，以直观的形式封存对历史文化形态的记忆，这样，它将成为死去的“遗产”。让传统工艺以鲜活的形态为当代手工生产提供借鉴和参照才是真正的保护与传承方式。探讨如何活用传统工艺美术，融合当下的艺术设计创作，展现传统工艺美术与现代化工业化产业的互动互补，以及深入挖掘地域文化艺术中的人文精神，促进非物质文化遗产和传统工艺美术的传承与发展工作，会将21世纪广彩的创作实践体验提高到一个新的理论认识层面，对推动当下广彩创作研究与进入现代空间环境将是一件十分有意义的事情。

古琴艺术——琴音袅袅

刘瑞清

发现 挖掘生活中的非遗

我国的四大名著之一《三国演义》有一个著名的故事——空城计，是说当司马懿率兵直逼西城的时候，诸葛亮不慌不忙叫人大开城门，然后在城楼上泰然自若地弹琴。司马懿看到诸葛亮这么淡定，心里就害怕城里有埋伏，所以就退了兵。

诸葛亮手中的乐器——古琴，又称七弦琴，是中国的传统乐器，有着3000年的历史。古琴的声音清雅和谐，弹古琴能够修身养性。在中国古代，不少文人雅士喜爱弹古琴，并留下了许多好听的古琴音乐。

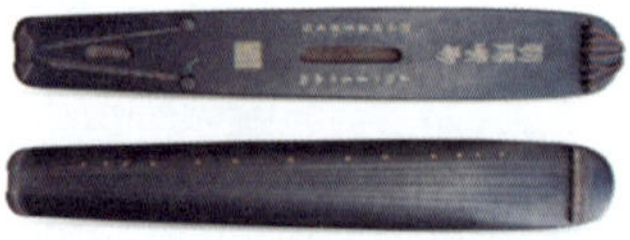

连珠式

传统凤式

宣和式

落霞式

灵机式

蕉叶式

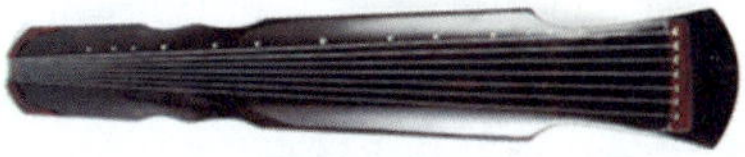
师旷式

正和式

伶官式

神农式

列子

洛象

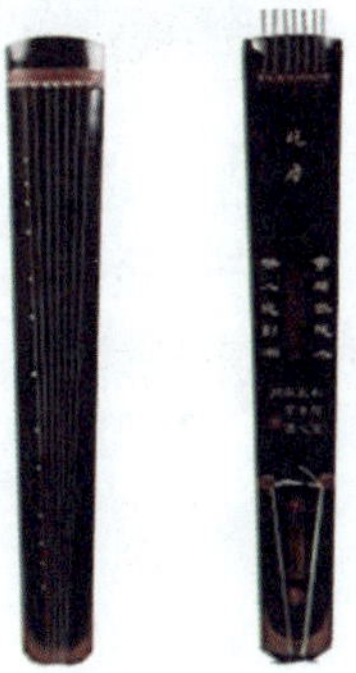
伏羲式

仲尼式

在外观上，伏羲式的颈部一个弯曲，腰部两个弯曲，显得很有灵气；仲尼式的颈部与腰部各有一个弯曲，线条更硬朗简洁，中正平和。伏羲式是古琴中比较常见的样式，相传伏羲式古琴乃是远古时期伏羲所制。当年伏羲在西山桐林中见一凤一凰栖于梧桐树上，羲皇便料定梧桐是神灵之木，决意制成乐器。因为是用凤凰梧桐木所制，所以也叫凤凰琴。唐朝著名的“九霄环佩”就是伏羲式，展现了唐朝的繁荣昌盛，是古琴中的典范。

仲尼式古琴的名字叫“仲尼”，所以人们总会将它和孔子联系起来。虽然不能确定这种式样是否是孔子设计，但它的确是所有琴里最简洁的一种，这种含蓄而大方的造型最能体现儒家思想中庸内敛的风格。

寻根 扫码观看前世今生

古琴是世界最古老的弹拨乐器之一，主要由弦与木质共鸣器发音，至今已有 3000 多年历史。传说原始时代黄帝就创造了最初的古琴，西周时期已广为流传，并与瑟、鼓等乐器演奏。2003 年 11 月，中国古琴艺术被联合国教科文组织列入第二批“人类口述和非物质遗产代表作”。

问道 拓展阅读学艺知技

【非遗大学堂】

老师在课上介绍古琴

1. 古琴介绍

最早记载琴的文字就见于《诗经》，从《诗经》成书的年代算，古琴已经流传 3000 年了。没有哪一种乐器能像古琴这样集中体现我们汉民族的文化。琴本身是件艺术品，具有收藏价值。古琴是近代以来的称谓，古代称琴、瑶琴、七弦琴等。

据说琴长三尺六寸五分，代表一年365天，琴面弧形象征天，琴背象征地，有“天圆地方”之说。

古琴有13个徽，代表一年有12个月加一个闰月。底部有两个出音孔，称龙池和凤沼。

古琴最初为五根弦，象征金、木、水、火、土。周文王为纪念死去的儿子伯邑考加了一根弦，周武王伐纣时为鼓舞士气加一根弦，所以又称“文武七弦琴”。

古琴，中国最古老的弹拨乐器，有3000多年的历史，被誉为琴、棋、书、画“四艺”之首，在古代是地位最崇高的乐器。古琴充满着传奇的象征色彩。优良的古琴背面常有书法和印章，其内容一般包括琴名、诗文和制造者的姓名及年代，最能体现古琴的文墨之美。有西方音乐人评价：这个乐器的构造，是依据中国天与地之间关系的观念而设计的，它使人联想到传说中只有天上神仙才能听得到的音乐。

2006年5月古琴艺术经国务院批准列入第一批国家级非物质文化遗产名录。

2. 古琴的由来

古琴的由来有一个美丽的传说。

相传古琴是伏羲造的。伏羲在先秦时期就已经被确认为中华民族的人文始祖，位居三皇之首。他的母亲华胥氏在一个名为“雷泽”的沼泽边，看到了巨人的脚印，便好奇地踩踏上去，突然感到一种令人昏厥的震动。之后不久，便生下了他。没多久他长成了一个巨人，华胥氏给他取名为“伏羲”。有一次，伏羲巡查西山桐林时，看到霞光万丈，祥云四起，两只美丽的大鸟，翩翩而降，落在一棵最大的梧桐树上，其余诸鸟纷纷飞集在各处树上，朝着两只美丽的大鸟齐鸣，仿佛在朝拜。这两只大鸟也“即足即足”地叫起来。伏羲见此，忙召树神句芒来问。句芒笑着对伏羲道：“这就是传说中的凤凰呀！声音‘即即即’的是雄鸟凤，声音‘足足足’的是雌鸟凰。”凤凰是鸟中之王，最乐于栖在梧桐之上，可见梧桐是多么的高贵了。伏羲朝那棵桐树行了三拜大礼。然后，他让有经验的能工巧匠砍伐了那棵大树，然后按三三之数，将其截为三段。他用手叩击上段，发出的声音太清；他又叩了叩下段，发出的声音太浊；最后他取中段叩之，发音正好清浊相济。

伏羲大喜，便将中段桐木浸在长流水中，经历了八九七十二个昼夜，待其阴干后造了琴。

后来，王母娘娘在天宫瑶池宴请天神，为了欢娱，特调来伏羲制造的琴当场演奏。天神们见这乐曲动听，乐器奇特，便依来历将它唤作琴。又因是第一次在天宫瑶池见到这新物件，便将伏羲所创的乐器称为瑶琴。从此，人间便有了古老的乐器——琴。

老师讲解伏羲造琴的故事

3. 古琴的故事

在武汉汉阳区有一座古琴台，它是用汉白玉筑成的方形石台，大约20平方米。这座琴台是为了纪念春秋时期著名的古琴师伯牙而建的。相传春秋时期楚国琴师俞伯牙在这个地方鼓琴抒怀，遇到从山上走过来的樵夫钟子期。钟子期虽然是个樵夫，但

古琴台伯牙抚琴雕像

是他却能识其音律，从俞伯牙的琴声当中听出来他志在高山流水，这让伯牙感到特别惊喜和意外，当时伯牙便视子期为自己的知己。几年以后，伯牙又路过龟山，得知子期已经病故，悲痛不已的俞伯牙当即破琴绝弦，终生不复鼓琴。后来人们感叹俞伯牙和钟子期之间的情谊深厚，特意在龟山这个地方修筑了古琴台来纪念他们。这个故事就是“知音”的出典之处。

古琴曲《凤求凰》也有一个动人的故事。这首曲子讲的是司马相如和卓文君的故事。

司马相如是西汉有名的辞赋家、音乐家，早年家贫，并不得志，父母双亡后寄住在好友县令王吉家里。

卓文君的父亲卓王孙是当地的大富豪。卓文君当时仅 17 岁，书上形容文君的美貌：“眉色远望如山，脸际常若芙蓉，皮肤柔滑如脂。”除此之外，她更兼善琴，文采亦非凡。卓文君本来已许配给某一皇孙，不料那皇孙短命，未待成婚便匆匆辞世，所以当时文君在家守寡。

卓王孙与王吉多有往来。某日，卓王孙在家宴请王吉，司马相如也在被请之列。席间，免不了要作赋奏乐。司马相如得知卓王孙之女文君美貌非凡，更善鼓琴，于是奏了一首《凤求凰》。卓文君也久慕司马相如之才，遂躲在帘后偷听。“凤兮凤兮归故乡，游遨四海求其凰，有艳淑女在闺房，室迩人遐毒我肠，何缘交颈为鸳鸯。”这种在今天看来也是直率、大胆、热烈的措辞，琴中之求偶之意如何听不出？自然使得在帘后倾听的卓文君怦然心动，并且在与司马相如会面之后一见倾心。

两个人互相爱慕，但受到了卓王孙的强烈阻挠，没办法，两人只好私奔。后来《凤求凰》常常表示夫妻之间琴瑟之好。

从古琴的音乐声中，我们了解了俞伯牙与钟子期的生死相契，司马相如与卓文君的心灵相通，所以说古琴往往是才智、才艺和才情的化身。

创新 实践活动异想天开

【技法实操】

（1）摆放：唐代以前人们把它放在低矮的案几上，或是席地而坐放在膝上来弹奏，到了宋代以后才有高桌。现代人演奏时的琴多是放在琴桌上的。

（2）琴桌：琴桌的高度要适合你个人的身高。高度不合适会影响手势指法，要特别注意。如果琴桌不稳当，要用琴垫，普通的垫就好，防滑。古人有沙包作琴垫。

古琴的“挑”指法

（3）调音：对初学者比较重要，第一是调弦定调，先用调音器调弦，以后听力好的时候可以通过泛音直接调；第二是找音位，校对音准。

（4）坐姿：坐姿是弹琴的基本架势，是基础中的基础，涉及发力问题。弹琴要气贯全身，好的坐姿非常重要，要形成定势，如同练太极有起势，有桩功。所以坐姿也要练习，也是练功。

第一，坐的位置。胸口对五徽。原理是左右手分工不同，五徽的位置刚好能兼顾。前后的距离，以手放松状态下，左右手手掌落在琴弦上为准。

第二，腰挺直，肩放松，屁股不能全坐在椅子上，否则会卸掉脚上的力，脚着地会虚。身体稍微前倾朝左，两脚呈外八字自然张开，左脚靠前。身体微前倾朝左，这样左手能更灵活运动。这是弹琴的架势，宛如拳法的架势，劲气内敛，蓄势待发。弹琴的架势和练气的架势有所不同，一张一合。

第三，左手中指按在十徽上，也可以无名指替换休息。这是定型左手的架势，要点有二：其一，调整臂的角度，使小臂到中指成一条线，并基本垂直琴弦，手指保持自然的弯曲弧度，不能塌指，因为塌指会卸力。保持姿势前提下放松，把力落到指尖。在放松的基础上做到气力贯于指尖。其二，特别留意臂的角度和高度，要成定势。通过这个训练指关节能坚实，为按音做好准备。初学者累了可以把左手手掌靠在琴的内侧，于九、十徽间休息。

第四，右手基本姿势。其一，放松整个右手，沉肩，垂肘，手指自然弯曲，在自然弯曲的基础上翘起小拇指，中指微下垂，形成兰花指的造型。这个姿势是最放松最实用的，是右手指法的基础。如果小拇指会卷曲，可以做个指套，固定一段时间就好了。把这个姿势移到琴弦上，中指浮在琴弦上，不能压琴弦。其二，初学者累了，可以直接把右手手掌落在琴弦上休息。

古琴的“勾”指法

第五，右手基本指法，勾和挑。勾、挑是右手基本指法的重点和难点，琴曲中勾、挑用得非常多。练右手指法一定要多做，强化辅助手指练习，把手指练灵活，这样可以事半功倍。

没有绝对标准正确的指法，只有合理的指法。合理就是要合乎发力用力的原理，合乎每个人手指条件。指法不好，会影响到发音，进而影响到琴技。

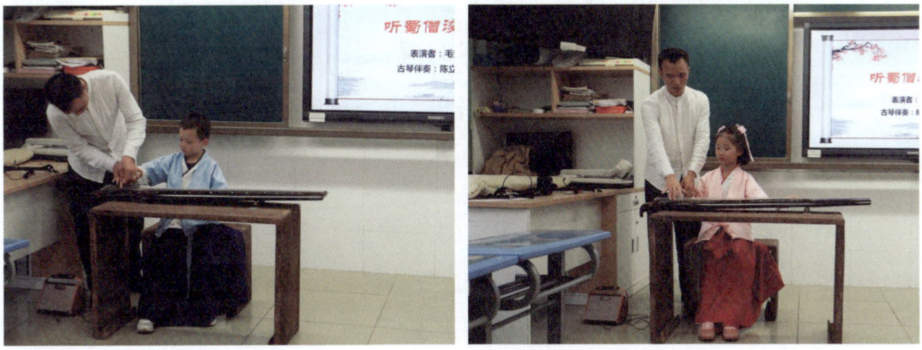

老师教学生演奏古琴的技巧

结语 传承非遗五育并举

【明理导行】

古琴音乐是文人音乐，是雅乐。长期在文人士大夫手中，因而积淀了丰厚的文化内涵。首先，琴的结构、各部分的名称都体现了文人的品位。再次，古琴不仅仅被当作一件乐器，还被文人视为一种修身养性的道器，如陶渊明的“但得琴中趣，何劳弦上声”等。琴乐是古代文人士大夫阶层的必修课。“修身，齐家，治国平天下。欲修其身先正其心，欲正其心先诚其意。”古人以琴诚意进而正心，修齐治平。

其实说到“琴”字跟中国文化的关系，我们只要看一看现在中国女孩子有多少人的名字中有个“琴”字就知道了。但是自从近代西学东渐以后，我们已经不像古时候那样“家弦户颂”了，所以很多人越来越不了解古琴。所谓“家弦户颂”就是家家户户都在弹琴唱歌，古时候古琴的普及率比现在的钢琴还要高。但近 100 年来，很多人家里摆的大多都是钢琴，而不是古琴。现在古琴列入世界遗产以后，它就已经不限于是中国传统的乐器了，而是全人类共同的文化财富。

古琴 3000 年来都不曾中断过，那么它是怎样传承的呢？我们知道最早的古琴谱是“文字谱”。“文字谱”是一种以文字叙说的方式来记录古琴弹奏的方法，它记录了左右手的指法跟音位，当你没有弹出来以前，它是没有音高的，只有弹出来以后，音高才存在。因为这种“文字谱”太复杂而且不方便，后来唐代的曹柔就发明了“减字谱”，就是把偏旁和部首组合在一起，把一句话变成一个字来表示。古琴现传的有 3000 多首曲子，都是用这种谱子记录下来的。这是我们民族智慧的体现。对于这些宝贵的精神财富，应当十分珍惜，力求其不走样、不变质，原汁原味地再现古代风貌。

减字谱（局部）

广东音乐——东方天籁奏出岭南特色韵味

易艳珍

发现 挖掘生活中的非遗

端午节的龙舟竞赛热闹非凡，是中国南方人最喜欢的一个竞赛项目之一。目前能描述出龙舟竞赛情景的歌曲为数不多，以何柳堂的《赛龙夺锦》最为出名。《赛龙夺锦》属于广东音乐，乐曲开头以唢呐吹出号召性的引子，表示比赛开始。接着是乐曲的主题，逐渐活跃，表现了龙舟竞发，生气勃勃的景象。然后是比赛正式开始，情绪逐渐热烈，并加进了打击乐，刻画了龙舟在水上前进的形象；随后速度进一步加快，节奏多变，犹如龙舟你追我赶，气氛相当热烈。最后吹响唢呐象征比赛结束，结尾再展现了前一段的曲调，表现了龙舟在碧波上自由荡漾的情景，令人心旷神怡。

广东音乐是一种什么样的音乐呢？广东音乐具有什么样的特点呢？

广东音乐是流行于以广州为中心的珠江三角洲及广府方言区的传统丝竹乐种，与粤剧、岭南画派并列为“岭南三大艺术瑰宝”。广东音乐给人的总体印象中，有三个鲜明的特点：一是音响色彩清脆明亮、华美；二是旋律风格华彩、跳跃、活泼；三是乐曲结构多为短小单一的小品，很少有大型套曲。这三大特点，决定了它既不像西方音乐的壮观雄美、激昂刚健，且具外在超越的哲理，也不像我国中原古曲那样悠深空旷，充满历史苍凉感；既没有古代庙堂音乐的典雅庄重，也没有传统士大夫孤芳自赏的兀傲高深。总的来说，广东音乐是一种包含着强烈现实性、平民性和开放性的音乐。

2006 年 5 月 20 日，广东音乐经中华人民共和国国务院批准被列入第一批国家级非物质文化遗产名录。

寻根 扫码观看前世今生

广东音乐诞生于广州市番禺区沙湾镇上。走进沙湾错落纵横的街巷，随处可见明、清、民国时期的古建筑，街头巷尾，时不时传来几声委婉柔和的乐曲声，邻里街坊互组私伙局开唱，沙湾人的骨子里似乎天生流淌着音乐的血液。

在沙湾镇上有着这么一个杰出的人物——何柳堂，他从小生长在沙湾著名的音乐世家，祖父是清末著名的琵琶演奏家何博众。当时，何柳堂从祖父的口授中接过《龙舟竞渡》，加以整理修改，却怎么都不满意。于是他找来了自己的堂弟何与年、表侄何少霞（后称“何氏三杰”）一起讨论。当时三何就经常聚在三稔厅演奏、研讨、创作音乐。经过三人反复雕琢，四易其稿，更名为《赛龙夺锦》，最终成就经典之作。

《赛龙夺锦》是广东音乐里的一首代表作，广东音乐乐种最早就是从沙湾这片土地上萌芽成长起来的，沙湾也以“广东音乐之乡”而著称。

广东音乐有 400 余年的历史，是 19 世纪末及 20 世纪初在当地民间“八音会”和粤剧伴奏曲牌的基础上逐渐形成的，在 20 世纪二三十年代达到鼎盛。广东音乐自明清以来，经历了萌发期、发展期和成熟期等阶段，曲名和乐谱可稽的乐曲现有 500 多首。代表性曲目有《雨打芭蕉》《旱天雷》《步步高》《平湖秋月》《赛龙夺锦》等。

广东音乐是我国最年轻的乐种，虽为乐种，但其独立成型、崛起到式微的时间却只有短短的几十年，前后发展历程迄今也不过百年。1994 年《羊城晚报》头版头条指出广东音乐已“气若游丝，亟待抢救”。是什么原因促使广东音乐迅速崛起，而又迅速衰落？广东音乐在我国非遗中有着什么样的作用呢？

广东音乐在20世纪30年代至20世纪60年代呈井喷式发展，出现了展演空间的变迁、功能的变异、新作及作曲家群体涌现、社团蓬勃发展、乐器改良与重组、演奏与创作技法突飞猛进的变化。广东音乐持续发展，盛况一直持续到20世纪60年代初。“千顷良田千顷蔗，万家灯火万家弦。”这是20世纪60年代郭沫若目睹广东音乐等民间音乐盛况时写下的诗句。

广东音乐在新中国成立之初即被官方定性为民间音乐，广东音乐像其他民间音乐一样，被官方纳入主流，受到官方的推广和保护，完成了向经典的转型。1958年广州音乐专科学校开始设“广东音乐”专业课程，这意味着作为民间音乐的广东音乐开始进入专业院校，纳入了国家艺术教育体系；与此同时，专门的研究机构及演奏团体相继成立，进一步确定了其主流地位。

然而，经典的转型扼杀了广东音乐本身的活力和发展生机。流行音乐本质要求上的求变、融合等特征被完全禁止。1960年以后，广东音乐即开始走向衰落，至20世纪末，彻底式微。有学者认为，经典化后的广东音乐，恍如供奉于庙堂之上的标本，似乎还是旧模样，但明显丧失了生机，这是广东音乐迅速崛起又很快式微的最根本原因。2006年广东音乐被国务院列入第一批国家级非物质文化遗产名录，已然成了新的传统。

在海外，凡有华人的地方就有广东音乐。广东音乐被他们称为乡音，它像一条海外华人与祖国家乡联系情感的纽带，对海外华人吸收中国文化传统、学习历史文明起到了重要的作用。广东音乐在海外则以“国乐”的身份，完成了另一种转型，成了华人传统文化的象征。

当今，新的社会发展趋向在民族传统的心理积淀之间、过去的艺术形式与当代生活风貌之间、历史发展的不平衡造成各种层次的文化构建之间的差别与选取等中，诱发出种种新的矛盾和困难。面对如此汹涌而复杂的当代世界文化大潮，广东音乐可谓是满目苍凉与满怀壮烈兼而有之。从历史的角度看，广东音乐终归还是回到“如何继承与创新”这个文化史上永恒的课题。

问道 拓展阅读学艺知技

广东音乐有着悠长的历史，代表作也较多。要创作广东音乐作品需要具备什么条件呢，要用到哪些乐器呢?

广东音乐作品具有以下五个特点：一是活泼、明快的作品占了很大比重，抒情、明朗的作品也不少，有一些作品是风趣、诙谐的或富有造型性的，也有些作品是哀怨的或带有叙事风格的，许多广东音乐作品带有一些“民族轻音乐”体裁的特色。二是音乐结构精短、简洁、集中是其传统特色。三是调式上常用五声音阶或七声音阶的徵调式、宫调式、商调式、羽调式，而角调式较少。在这些调式中，徵调式最为多见。在调式音阶上重用微分音 7、4 的“乙凡调”特性使音乐更具神韵。四是多使用富于特色的五、六、八度音程的大跳，赋予音乐更强的明快、活泼的现代感。五是有许多精巧的加花、变奏、装饰、滑音手法。

广东音乐产生多种的曲式结构，表现丰富多彩的生活内容。纵观广东音乐 100 多年曲式发展史，走过了沿袭传统乐曲、借鉴出新、自主创新等阶段；经历了从简单到复杂、从单调到丰富的过程。它的曲式结构不拘一格，可以说是融汇中西，丰富多样，多姿多彩。广东音乐曲式自成一格，具有开放性和兼容性，旋律亮丽，节奏明快，结构独特。概括起来大体有：单段体、二段体、多段体、变奏回曲体、回文曲体、串曲体、组曲体和复合乐段曲体等八种。

广东音乐以轻、柔、华、细、浓的特点和清新流畅、悠扬动听的岭南风格备受民众的喜爱，地方色彩浓郁，有特殊的艺术魅力。广东音乐擅长对生活小境的描摹，对传统的生活情趣无不流露着关注。

广东音乐结构较为精短，以简洁、集中为主要特色，区别于其他地区的音乐作品。同时由于篇幅较少而显示出其独特的韵味。除此之外，则是富有特色的五度、六度、八度音程跳跃，能够将现代的思想感情赋予到音乐作品当中，从而呈现出更加富有神韵的内容。通过许多精巧的变奏装饰手法，让广东音乐作品变得更加耐人寻味，并历经从简单到复杂再到丰富，在极具传统内涵的基础上，通过丰富多彩的乐曲内容，将更加深远的意味表现出来，达到前所未有的艺术价值。

广东音乐的乐队组合有多种，最典型的是20世纪二三十年代的“五架头”（又称“硬弓组合”，即二弦、提琴、三弦、月琴、横箫）和“三架头”（粤胡、扬琴、秦琴），各种丝竹乐器配合默契，相得益彰，全面展示了岭南丝竹音乐的精微和华美。

【传承人物】

（1）刘英翘出生于1950年的台山，是台山广东音乐团副团长、台山市曲艺协会副会长，第三批省级非物质文化遗产项目台山广东音乐代表性传承人。他能演奏单簧管、萨克斯管、二胡等多种乐器，笛子吹奏尤其见长，形成独特的演奏风格。从艺40多年来，参加国内外各项文艺演出，让观众领略了台山广东音乐这种非物质文化遗产的丰富内涵和独特魅力；同时积极进行广东音乐创作，主要作品有《川岛欢歌》《桑梓情深》《喜盈门》等，为弘扬台山广东音乐的发展起了积极的推动作用。2015年获评“广东省非物质文化遗产优秀传承人”。

（2）广东省级非遗项目代表性传承人何克宁，自20世纪60年代开始从事广东音乐的演奏与创作，后成为乐队首席，是广东音乐曲艺团的骨干。他演奏技巧娴熟，韵味浓郁，得到同行一致赞誉，他熟悉粤曲板腔，在粤曲演唱伴奏中担任“头架”（领奏），曾多次应邀赴港澳及海外演出。作为省级传承人，他积极参与广东音乐整理、挖掘、录制等工作，为这一独特乐种的发展传承做了大量工作。

创新 实践活动异想天开

【技法共操】

《彩云追月》最早见于清代，是著名的粤音曲谱。曲名的寓意是仙人驾五彩祥云奔向月宫。这首曲子是描写人们心中的月宫仙境，其风格轻快独特，烘托了小市民平凡生活的轻松写意，彰显了典型的广东民间音乐风格。李鸿章任两广总督时曾将此曲抄送大内演奏。

《雨打芭蕉》曲首以流畅明快的旋律表现人们的喜悦之情，然后接以句幅短小、节奏顿挫、并比排列的乐句互相催递，短促的断奏犹似雨打芭蕉淅沥之声，极富南国情趣，最后为气氛热烈的快板段落，风格朴实清新，体现了广东音乐清新流畅活泼的风格。

《步步高》曲如其名，旋律轻快激昂，层层递增，节奏明快，音浪叠起叠落，一张一弛，富有活力，给人以奋发上进的积极意义。

《旱天雷》是一首很有代表性的广东音乐，最早见于1921年丘鹤俦所编《弦歌必读》，原是由广东音乐作曲家及扬琴演奏家严公尚（严老烈）根据《三宝佛》的第二段《三汲浪》改编而成的扬琴曲，后又成为广东音乐乐曲。《三汲浪》原是一首琵琶小曲，改编者运用民间音乐创作中常用的放慢加花等技法，对原曲给以新的节奏处理，并充分发挥扬琴密打竹法和善于演奏大跳音程的特长，使陈调出新声。《三汲浪》曲调平稳、低沉，改编后的《旱天雷》则活泼流畅、生机盎然、节奏欢快，乐曲的情绪有了根本性的变化，所以新名为《旱天雷》。

结语 传承非遗五育并举

【明理导行】

中央音乐学院音乐评论家刘月宁认为："广东音乐能够在较短的历史时期内形成一个有旺盛生命力的新兴乐种，除其具有优越的历史、地理、经济条件外，它自身所独有的特性，即音乐风格的开放性、放射性、兼容性以及善变性，使其超脱于一般民间音乐的或过于典雅，或过于粗犷，或过于呆板的局限，形成了清新明快、活泼优美的气质，受到人们的特别喜爱，获得迅速传播。"

广东音乐的"大俗"与古琴音乐的"大雅"形成强烈反差，它传达了人间世俗的喜怒哀乐，映照出南方都市新兴市民阶层及一般城乡平民的生活风采，所表达的感情真切、自然，旋律上以不太强烈的冲突或分裂摆脱了一味调和的氛围，形成抑扬顿挫的曲调。广东音乐较少深沉的人生喟叹与哲理深思，较少士大夫的典雅习气，也没有类似中原音乐那种悠深旷远的历史苍凉感。

广东音乐作品，会掺杂许多抒情的内容，激发人们的情感，引起共鸣。除此以外，还会有一些带有讽刺意味的音乐作品，以简单的叙事来营造轻松愉悦的氛围。我们需要在学习广东音乐的同时，感受南方都市的生活风采，品味岭南的特色韵味，发现我们的生活之美、岭南之美，形成自己独有的审美观。

除此以外，从广东音乐中感悟生活，能为创作提供素材，激发人的灵感，为人创作指明方向，因此我们需要多关注自己的生活，热爱生活。

广东音乐作为民间音乐的代表，是岭南的艺术瑰宝之一，是经过沉淀才得以形成的，凝聚着当地人民的智慧，走过社会发展的多个阶段，并能够将各个阶段的实际情况通过音乐的方式完美呈现出来，而其中包含着每个时期人们不同的思想感情，使之成为最具代表性的文化象征。虽然广东的发展水平日益提高，但依旧要保留以前留下来的珍贵记忆。所以我们作为祖国未来的主人，只有将广东音乐文化通过有效手段进行发扬传承，才能让人们更加珍惜现在的生活，并以此不断促进当地社会的发展与进步。

广东音乐作为岭南文化的杰出代表，文化底蕴深厚，不断融汇古今中外、东南西北音乐文化之优长，使当代广东音乐内涵更为丰富，经过数百年的传承发展，自成体系，风格独特，深深植根于岭南民间。我们应在广东音乐的发展过程中，通过对实际情况进行研究，采取有效的措施将其不断发扬传承下去。这样有利于提高当地的文化价值，并将文化的魅力真正散发出来，促使音乐文化得到发展与进步。

中华吟诵——书声琅琅美如歌

周 婷

发现 挖掘生活中的非遗

相信大家都看过《经典咏流传》这个节目，“和诗以歌”，将古诗词和部分近代诗词配以现代流行音乐，带领观众在歌手的演绎中领略诗词之美、发现传统文化深层价值。

现在我们觉得诗词能唱出来好新奇，但其实，在100多年前，中国古代的诗词都是可以“唱”出来的。我们的汉语本来就是旋律性的语言，古代文人在读书的时候，就是用像唱歌的方式来读书的，这种方式叫作“吟诵”。

2021年2月17日“感动中国2020年度人物”颁奖盛典举行，99岁高龄的叶嘉莹先生当选，她一生就专注做一件事：传承中华诗教。其中吟诵是叶先生一直在努力地做推广的。叶先生是从小吟诵着诗词长大的，她认为吟诵是学习中国古典诗歌非常重要的入门途径，高声朗读和吟诵是学习诗歌和古文的一种方式；不出声音地读，就不能真正对作品的内容、情意有深入的体会和了解。

感动中国2020年度人物叶嘉莹

寻根 扫码观看前世今生

吟诵，是汉文化圈中的人们对汉语诗文的传统诵读方式，也是中国人学习文化时高效的教育和学习方法，有着两千年以上的历史。吟通是我国优秀的非物质文化遗产代表作，是公认的中国文化独特魅力之一，在国际上享有很高的声誉。

2008 年，常州吟诵列入国家级非物质文化遗产名录。

问道 拓展阅读学艺知技

【非遗大学堂】

1. 吟诵简介

中华民族是非常能歌善舞的民族，像以前古人上山砍柴有山歌，采茶的时候有采茶歌，下海打鱼的时候有渔歌。那读书的时候也有读书歌，读书歌就是现在所说的吟诵。《毛诗大序》："诗者，志之所之也，在心为志，发言为诗。情动于中而形于言，言之不足，故嗟叹之；嗟叹之不足，故永歌之；永歌之不足，不知手之舞之，足之蹈之也。"

《说文解字》说："吟，呻也，从口今声。"吟者，哦也，哼也，咏也。所谓"吟"，就是拉长了声音有旋律地读书。

《说文解字》说："诵，讽也，从言甬声。"段玉裁《说文解字注》中认为："倍文曰讽，以声节之曰诵。倍同背。谓不开读也。诵则非直背文，又为吟咏以声节之。"即要用抑扬顿挫的声调有节奏、有韵律地读。

王阳明

古人会把吟诵作为修身养性的日课来训练，比如创立"心学"的明代大儒王阳明提出有关吟诵的法门——九声四气说，他认为："凡歌诗，须要整容定气，清朗其声音，均审其节调，毋躁而急，毋荡而嚣，毋妥而慑。久则精神宣畅，心气和平矣。”（《王阳明全集》卷二）正如王夫子说，每天练习吟诵，能让人心平气和，精神爽快，太神奇了。

2. 传承故事

这古老的读书方式现在还有人用吗？这里有一个感人的故事。王之炀是建国初期最早一批放射科专家，也就是一位科学家。他初中国文老师是清代考过科举的秀才，他迄今为止还记得秀才老师教过的古诗文，特别是白居易的《长恨歌》。这么长的文字，他不仅能背诵默写下来，还做了一个令人更震惊的事。他在病重住院时，在药单的背后默写下秀才老师所教《长恨歌》的曲谱，希望能有音乐高人把秀才老师教读《长恨歌》的调子唱出来，流传下去。王之炀的心愿就是为了让更多年轻人知道，我们的老祖宗还有这样一种美妙的读书方式——吟诵。

王之炀外孙女的微博截图

创新 实践活动异想天开

钟嵘《诗品序》：“气之动物，物之感人，故摇荡性情，形诸舞咏。……若乃春风春鸟，秋月秋蝉，夏云暑雨，冬月祁寒，斯四候之感诸诗者也。嘉会寄诗以亲，离群托诗以怨。至于楚臣去境，汉妾辞宫。或骨横朔野，或魂逐飞蓬。或负戈外戍，杀气雄边。塞客衣单，孀闺泪尽。或士有解佩出朝，一去忘返。女有扬蛾入宠，再盼倾国。凡斯种种，感荡心灵，非陈诗何以展其义？非长歌何以骋其情？故曰：‘诗可以群，可以怨。’使穷贱易安，幽居靡闷，莫尚于诗矣。”

古代读书人在他们的求学生涯中有一个梦想，那就是考状元。放榜也就是公布最终考试成绩的那天呀，会有一个专门的考官来“唱名”，公布考试的情况。他们是怎么公布的呢？不是像我们这样把名字大声喊出来，是要拉长音“唱”出来的，那怎么唱的呢？比如，王小明考上了状元，那考官就会这样喊：“王——小——明——，状元——！”而且要把每个字的读音读准了再拉长，否则名字唱错了，那就麻烦了。唱名其实很简单，就是“拉长音”。汉语有四声，我们先试着把四声拉长来读读：ā——旋律是平平的；á——旋律是往上扬的；ǎ——旋律是下去又上来的；à——旋律是往下走。这种唱名的方式，就是吟诵的运用。

陈琴老师总结的规则：平声读长仄声短，读准声调音饱满。入声短促急收藏，韵字拖音音绵长。徐健顺老师总结的一般规则：依字行腔、依义行调、入短韵长、腔音唱法。

我们试试用刚刚的吟诵方法，将这首耳熟能详的《悯农》变成旋律吧！

悯农

［唐］李绅

锄禾日当午，汗滴禾下土。

谁知盘中餐，粒粒皆辛苦。

我们先吟诵第一句，“锄禾”两个字声音拉长些，边吟边想象，眼前仿佛看到农民伯伯辛苦劳动的画面。“日”的声调在古代很特殊，普通话读第四声，其实是古代的入声字，读得很短促，有没有感觉热辣辣的太阳猛地照下来？面对这么大的太阳，农民伯伯怎么样了呢？“汗滴”的“滴”也是入声字，也读得很短，满头大汗，一滴一滴地从额头、脸颊流下。“谁知盘中餐”，一直拖长，苦口婆心地劝诫，谁知道盘中的食物。“粒粒”入声字，读短些，一粒一粒的米饭，都是农民伯伯很辛苦地种出来的，所以我们要珍惜粮食。最后让我们再一起吟诵这首诗，通过旋律声音，感受诗人来自千年的告诫提醒。吟诵不仅仅修身养性，还能在经典中“以史为鉴”。

虽然我们现在衣食无忧，但并不代表我们可以高枕无忧，肆意浪费。看下面这组数据：

2020 年 7 月 13 日，联合国粮农组织联合“农发基金”、联合国儿基会、世界粮食计划署以及世卫组织一起，发布《2020 年世界粮食安全和营养状况报告》。报告显示，有将近 6.9 亿人处于饥饿状态，过去一年增加了 1000 万人，占世界总人口的 8.9%，而仍在蔓延的新冠肺炎疫情可能导致弱势群体的粮食安全状况进一步恶化。如果近期趋势持续，世界饥饿人口数量到 2030 年将超过 8.4 亿，占全球总人口的 9.8%，接近 1/10。简单来说，2030 年，世界上平均 10 个人就有 1 个人处于饥饿状态。一粥一饭，当思来之不易；半丝半缕，恒念物力维艰。

中国用只占世界 7% 的耕地面积，养活了全球 18% 的人口，实属不易。被誉为“世界杂交水稻之父”的袁隆平院士，从事杂交水稻研究几十年，新华社评价他“不畏艰难，甘于奉献，呕心沥血，苦苦追求，为解决中国人的吃饭问题做出了重大贡献”。所以请同学们谨记厉行节约，浪费可耻。让我们再次吟诵这首《悯农》，体会古人留给我们的训诫。

结语 传承非遗五育并举

吟诵是一种古人口耳相传下来的读书方法，通过吟诵，我们感受到原来我们的汉语，有如此动人的旋律。其实，吟诵离开我们只有100多年，100多年前，每位读书人都知道吟诵，都知道用声音表达诗歌的情感。今天我们很有幸，了解了吟诵的魅力，学习了吟诵的方法，成为吟诵的传承人。吟诵的学习，并不仅仅是一种技术的学习，更是激励我们多读书，读经典的书，读我们老祖宗留下来的至今依然能指导我们更好生活的充满智慧的书。让我们一起吟诵经典，让书声琅琅美如歌。

【非遗传承小天使】

我和诗书国学班的吟诵之旅

骆铭晨　四年（2）班

2018年，因为跟爸爸外出访学而缺席了一年级学习的我，正式回归加入了华南师范大学附属小学诗书国学班，开始了我和诗书国学班的吟诵之旅。

二年级，第一次上吟诵课的情景还历历在目。“云对雨，雪对风，晚照对晴空。”我觉得姚老师吟诵得真好听，又像唱歌，又像说话，又像朗读。同学们也很快跟上姚老师的节奏欢快地吟诵起来。可是，我却觉得很难。缺席了一年级的学习的我，语文基础比较薄弱，拼音不太熟练，很多汉字不认识，更不懂什么是吟诵。而且《声律启蒙》又长又拗口，每天晚上写完各科作业后，还需要花很多时间去认字和吟诵。我觉得太难了，好几次都想放弃。

但是，每周的吟诵课，姚老师用美妙动听的经典吟诵和妙趣横生的经典故事深深吸引着我；每天的早读课，周老师用如歌的国学经典吟诵开启我们美好一天的学习。老师们说，吟诵是中国人传统的读书方法，吟诵是古人能把四书五经倒背如流的绝招。于是，我暗暗下定决心，我要把这个绝招学会，首先就挑战《声律启蒙》这个难关。

于是，每次吟诵课，我认真学习模仿老师；每天吟诵作业，我反复练习积极打卡。我利用学习间隙多听多练，慢慢地，慢慢地……某一天，我突然觉得吟诵不那么难了，偶然还会不知不觉脱口而出地吟诵两句。我发现，吟诵很自然地走进了我的生活。我爱上了吟诵！

功夫不负苦心人，我被选入了诗书国学班的吟诵队，有机会登上舞台展示吟诵。第一次，我随队参加了筝然古筝音乐年会的《诗经·小雅·鹿鸣》古筝吟诵表演，虽然有些紧张，但是很快就沉浸在经典吟诵的氛围中，表演很成功。在学校“小手牵大手”非遗传统文化开放日活动中，我担任了班里活动的小主持，并参加了系列吟诵表演，我们丰富精彩的吟诵节目得到了同学们的掌声和老师家长们的肯定。随后，我们吟诵队又受邀前往广州市儿童公园参加“花城花儿开，欢庆新时代”《沁园春》诵读表演，我们还上了电视，声动羊城。最让我难忘的是，在结束了一天紧张的专科统考后，我们吟诵队马不停蹄奔赴星海音乐厅参加求上教育“经典诵读进校园”优秀作品朗诵晚会，表演的舞台越来越大，排练的时间越来越少，可是我们越来越沉着淡定，因为我们知道，不管舞台有多大，我们都是在展示着日常的我们是如何吟诵我们最爱的国学经典。

两年来，我们在姚老师和周老师的引导下，用吟诵走近国学经典，欢悦地学习圣贤智慧，如今的我们，可以熟练背诵《千字文》《岳阳楼记》《陋室铭》《诗经》系列十余首、《声律启蒙》部分章节、《沁园春》系列和古诗几十首等经典古诗文。

汉语美如歌。吟诵，让我领略到了古诗文的神奇魅力，助我养成了坚持不懈的学习习惯，伴我在浓郁书香中快乐学习！我将继续与诗书国学班、与吟诵一起成长！

我与吟诵的故事

吴奕霖　四年（2）班

2017 年 8 月底，在我入学之前，华南师范大学附属小学组织我们这一批新生进行了一次分班面试。妈妈拿着面试单过来询问我的意见，看我要去哪个班面试。我一眼就看到了国学班，我还不知道“国学”是什么意思，以为“国学”指的就是“国家的学问”，我们中国那么大，里面的学问肯定不少。我兴冲冲地去参加了面试，并且顺利被选进了国学班。

开学第一天，我充满期待地跑进国学班的教室。讲台上的那位年轻老师面目清秀，长长的头发披在肩上，乌黑的眼睛非常明亮，举手投足间自有一股才女气度。她就是我们的班主任周老师，也是当时分班面试时的考官。周老师和姚老师一起是我们国学班吟诵课的老师。

很快我们迎来了第一节吟诵课，虽然之前听周老师提过，但是我们对吟诵依然非常陌生。姚老师和周老师端正地站立在教室中央，背起双手，微闭双眼，开始吟诵《诗经·小雅·鹿鸣》。流入我们耳朵中的是动听的旋律，我仿佛看到了诗文中那只小鹿，在野外飞快地奔跑，发出阵阵清扬的鹿鸣声；一转眼，我又仿佛来到了古代殿堂之上，听到瑟瑟箫声和觥筹交错的声音；紧接着，周老师音调一转，我又被带到了另一个场景之中，我似乎置身于小河边上，听着潺潺流水声，活泼可爱的小鹿在旁边蹦蹦跳跳地玩耍。我沉浸其中，觉得神清气爽，心里所有的烦恼都被一扫而空。我从心底里发出感叹：原来诗文还可以这样去读，简直像唱歌一样。

回家路上，我暗暗下定决心，一定要把吟诵学好！接下来我每天都用课间玩耍的时间一遍又一遍不厌其烦地练习吟诵，几周之后，我自认为“练就真功”了，决定给我爸爸妈妈展示一下我多日来“修炼”的成果。一天晚上，我叫来爸爸妈妈，郑重其事地宣布我要开始吟诵表演。起初，他们还兴致勃勃，像模像样地端坐在餐桌边给我鼓掌。可是，我刚开始了不到一分钟，我爸爸就借口去接电话，一溜烟地跑进卧室，最让我气愤的是，他还反锁了门。我妈妈则非常有礼貌地告诉我，隔壁邻居回来了，而且天已经很晚了，该睡了。我愤愤不平地躺到床上，我吟诵得多有感情啊，这两个人居然不懂得欣赏，真是没有品位。

又过了几周，周老师突然向我们宣布了一个喜讯：我们要去华师附中表演吟诵了！在我们心目中，华师附中是神一般的存在，是可望而不可即的目标，这次我们居然能去华师附中表演，这实在是太让我们兴奋了！但是当我们开始排练的时候，那晦涩难懂的诗歌就让我们目瞪口呆了。原本以为就是吟诵课本上的一些诗歌，没想到却要在短时间内背诵并熟练吟诵初中生必须背诵的诗歌。接连几天，只要一有时间，周老师就会带着我们在学校的空地里排练，纠正我们站姿、手势，给我们排列队形，分配角色，更重要的是，一次次纠正我们的读音。由于空闲时间不够，周老师要求我们回家也要继续练习。连着背了几天，我连一篇诗文都背不下来，我开始打退堂鼓了，心想：反正我也就是个配角，多我一个不多，少我一个不少。这些词又那么难背，还不如趁早退出一了百了。我把这个想法告诉我妈妈，她让我自己去跟周老师沟通。第二天，我去找周老师，刚说了想退出的想法，我就开始后悔了。看着周老师和蔼可亲的笑脸，我马上改口："这是我妈的意思，我很愿意继续坚持下去。"周老师非常开心，还大大地鼓励了我一番，我开开心心地跑回教室，打定主意不能辜负周老师的期望。

经过多日的反复练习，我们终于迎来了正式演出的那一天。演出当天，我们在幕后候场的时候，大家的心情都非常紧张，有人怕自己忘词，有人怕表情不到位，有人怕自己的姿势不好看，还有人怕自己走位出错。我则害怕自己遇到不熟悉的地方会断断续续，结结巴巴，这样肯定就要影响节目的整体效果，所以我一直在默默地背词。终于轮到我们出场了，我们身着各式演出服，整齐划一地从幕后走到舞台上。

我偷偷瞄了一眼台下，只见大哥哥大姐姐们都向我们挥手，有的还挥舞着荧光棒，一张张脸上都是鼓励的笑容。看到这些，我心里就不再紧张了，眼神也不再躲躲闪闪，我开始认真投入到表演中。我们全班同学配合得非常好，整个表演没有人出一点点差错，台下的哥哥姐姐们不时发出一阵阵掌声。我觉得太不可思议了，我们居然真的如行云流水般背诵出全部诗文，太有成就感了。谢幕后，周老师惊喜地对我们说："虽然大家是第一次登台，但是已经超常发挥了，只要大家继续努力，我们的节目会越来越好的！"我们每一个人的脸上都露出了自豪的笑容，我也暗暗下决心要让吟诵成为我生活中的一部分，不能因为功课太多而放弃它。我相信，只要坚持下去，终有一日我能像周老师那样完美地吟诵诗词歌赋。

这就是我与华南师范大学附属小学国学班的故事，它还在继续。我相信，它会越来越有趣、越来越精彩，成为我生命中非常美好的回忆。

参加吟诵表演的师生合照

工夫茶艺——品工夫茶，思人生路

何珂仪 林 山

发现 挖掘生活中的非遗

鸭屎香

铁观音

九日山僧院，东篱菊也黄。俗人多泛酒，谁解助茶香。清风徐来，茶香扑鼻。

上图是工夫茶叶中的鸭屎香和铁观音。中国茶叶种类繁多，品种多样，质量不一样，味道也不一样，自然属性也不一样，就上面两张图，第一张鸭屎香是单丛茶的一种，而第二张铁观音属于青茶类，二者同属乌龙茶。对于茶行很深的品茶前辈来说，只要一看茶叶便知茶叶的质量。

工夫茶叶是用来冲泡工夫茶的，冲泡工夫茶起源于宋代，在广东的潮州府（今潮汕地区）及福建的漳州、泉州一带最为盛行，乃唐、宋以来品茶艺术的承袭和深入发展，工夫茶叶也是由那个时候开始产生，逐步完善，演变到如今各式各样的种类，聚集了古人的多少心血。苏辙有诗曰："闽中茶品天下高，倾身事茶不知劳。"这句话字面意思是：福建中部的茶品质非常好，达到了天下的制高点，侍弄这样的好茶，使得心情愉悦，身体从不知疲倦。这句话道出了茶道的真谛，茶道被视为一种烹茶饮茶的生活艺术，一种以茶为媒的生活礼仪，一种以茶修身的生活方式。所以想要了解工夫茶艺，必须从认识茶叶和品茶叶开始，逐渐掌握工夫茶艺的精髓，真正意识到工夫茶艺的价值。

寻根 扫码观看前世今生

工夫茶艺是潮州人生活中不可或缺的组成部分，也成为他们接待宾客的一种民俗礼仪。工夫茶艺起源于宋代饮茶的习俗，泡法包括备器、生火、温壶、纳茶、点茶、请茶、闻香等 21 道程序。洒茶时有两句口诀，叫“关公巡城”和“韩信点兵”。品茶时，乘热各人端起，杯缘接唇，杯面迎鼻，香味齐到，一啜而尽。饮完之后，再闻闻杯底，领略其余香，品评其气味。工夫茶体现“和、爱、精、洁、思”的特性，具有历史文化美学价值、社会家庭文化价值、健身益智价值。

2008 年，潮州工夫茶艺入选第二批国家级非物质文化遗产名录。

问道 拓展阅读学艺知技

1. 茶叶认知

古白居易有诗云：“食罢一觉睡，起来两碗茶；举头看日影，已复西南斜；乐人惜日促，忧人厌年赊；无忧无乐者，长短任生涯。”我国古代就有工夫茶的记载，其代表人物是陆羽，他是唐代茶学家，被誉为“茶仙”，尊为“茶圣”，祀为“茶神”；工夫茶的相关经典有《茶经》《大观茶论》。对于茶叶而言，饮茶不是随便泡一壶茶叶就可以了，饮茶之道是非常讲究的，尤其是茶叶方面。工夫茶在广东潮汕地区非常流行，几乎每家每户都有不同的工夫茶叶。

工夫茶采用的是乌龙茶叶，比如铁观音、水仙和凤凰茶。工夫茶盛行于福建大部分地区以及广东潮汕地区和海陆丰一带。喝工夫茶多采用的是乌龙茶叶，如岭头单丛、白叶单丛和凤凰单丛。乌龙茶介乎红、绿茶之间，为半发酵茶，只有这类茶才能冲出工夫茶所要求的色香味。

岭头单丛和白叶单丛，它们均产自潮州市饶平县岭头村，茶汤鲜黄明亮，呈金黄色，蜜色油润，蜜香极好，茶水甘甜滋润，回甘持久，素有“白叶仙子”之美誉，曾是外交部及钓鱼台国宾馆招待外宾专用茶，是潮汕工夫茶最具特色的代表。凤凰单丛，产自潮州凤凰山区，茶汤色泽微褐，茶叶条索紧、叶质厚实，很耐冲泡，一般可冲 20 次左右。其可分为桂花、茉莉、蜂蜜等风味，是继岭头单丛茶之后又一潮汕工夫茶代表之一。

冲泡时茶叶的量也有讲究，工夫茶以浓度高著称，品茶时，趁热各人端起，杯缘接唇，杯面迎鼻，香味齐到，一啜而尽。饮完之后，再闻闻杯底，领略其余香，品评其气味。工夫茶浓度高，初喝似嫌其苦，入喉后会有甘的味道，喉咙极为舒服。在品工夫茶的时候，就像是一个人在品味人生，先苦后甘，苦尽甘来，所以说工夫茶体现了“和、爱、精、洁、思”的特性，具有历史文化美学价值、社会家庭文化价值、健身益智价值。这也是潮汕人所说的“茶道”。

所谓茶道，就是品尝茶的美感之道。它通过沏茶、赏茶、闻茶、饮茶来增进友谊，美心修德，学习礼法，领略传统美德，是很有益的一种和美仪式。喝茶能静心、静神，有助于陶冶情操、去除杂念。

茶道起源于中国。中国人至少在唐或唐以前，就在世界上首先将茶饮作为一种修身养性之道，唐朝《封氏闻见记》中就有这样的记载：“茶道大行，王公朝士无不饮者。”这是现存文献中对茶道的最早记载。由此可见，最早最完善的茶道流程就是唐代陆羽所创的煎茶茶道。吕温在《三月三茶宴序》中对茶宴的优雅气氛和品茶的美妙韵味，作了非常生动的描绘。

在当今社会，茶道是通过品茶活动来表现一定的礼节、人品、意境、美学观点和精神思想的一种行为艺术。茶道是茶艺与精神的结合，并通过茶艺表现精神，兴于中国唐代，盛于宋、明代，衰于清代。中国茶道的主

茶艺流程

要内容讲究五境之美，即茶叶、茶水、火候、茶具、环境，同时配以情绪等条件，以求“味”和“心”的最高享受，因此茶道也被称为美学宗教。以和、敬、清、寂为基本精神的日本茶道，则是继承唐宋遗风。

2. 茶艺简介

皮日休《茶中杂咏·煮茶》亦云：“香泉一合乳，煎作连珠沸。时看蟹目溅，乍见鱼鳞起。声疑松带雨，饽恐生烟翠。尚把沥中山，必无千日醉。”

《红楼梦》里，妙玉嘲笑宝玉喝一大盅茶，是糟蹋茶叶。她说喝茶，第一杯是品，第二杯是解渴，第三杯就是饮牛饮驴了。工夫茶，就是讲究这个理。每次一壶，冲下来也就只三杯。细品三口，每一口滋味皆不相同。每一道，味道各异。然而，最佳滋味在前三道，确是实情。

茶道，不应只是陈列在茶道馆里的表演，而应融入我们的日常生活里。懂一杯茶的好，懂静下心来的好，这样的感觉，才是精致的生活。有一个潮汕本地的故事，说是多年前，一个姑娘到一单位面试工作，当时刚巧就让她帮忙冲一下办公室里的茶。姑娘要倒水时，揭开茶壶盖，就顺手直接放在桌子上。后来，面试没有通过，原因竟是当时不应该把茶壶盖放桌子上，因为茶壶盖是碰着茶叶的，要放也应该倒放，让向里的那面露置在空气中。作为潮汕人，应该从小就懂这些礼节，就算不了解，也应该考虑到这一层面，这反映出她不够心细和体贴。

我们来看下主要的程序：

（1）备器（备具添置器）。茶杯呈“品”字摆放，依次摆好孟臣壶、泥炉等烹茶器具。

（2）生火（榄炭烹清泉）。泥炉生火，砂铫淘水，橄榄煮水。

（3）净手（茶师洁玉指）。茶师净手。

（4）候火（扇风催炭白）。炭火烧至表面呈现灰白，即表示炭火已燃烧充分，没有杂味，可供炙茶。

（5）倾茶（佳茗倾素纸）。剪裁成四方形的白纸，称“纳茶纸”，是由过去“茶泡”（将茶分装成一小包一小包，每包刚好冲泡一次）的外包装纸演化而来的。

（6）炙茶（凤凰重修炼）。炙茶，提香净味。

（7）温壶（孟臣淋身暖）。注水入壶，淋盖温壶。

（8）洗杯（热盏巧滚杯）。热盏滚杯，并将杯中余水点尽

（9）纳茶（朱壶纳乌龙）。打开茶叶罐，将茶叶倾在纳茶纸上，再将纳茶纸上的茶叶倾入茶壶中，这个过程称“纳茶”。

（10）高注（提铫速高注）。提拉砂铫，快速往壶口冲入沸水。切忌直冲壶心，不可断续，不可急迫。提铫高冲，才能避免涩滞的毛病。

（11）润茶（甘泉润茶至）。高注沸水入壶，使水满溢出。

（12）刮沫（移盖拂面沫）。壶盖刮沫、淋盖去沫。

（13）冲注（高位注龙泉）。将沸水沿壶口内缘定位高冲，注入沸水，切忌“冲破茶胆”。

（14）滚杯（烫盏杯轮转）。用沸水烫洗茶杯。

（15）洒茶（关公巡城池）。洒茶时就好像关公骑着马在城楼上来回驰骋。这样才能均匀洒茶汤，公平合理。

（16）点茶（ 韩信点兵准）。洒茶时要做到余汁滴尽，又要保持各杯茶汤均匀，因此必须手提茶壶，壶口向下，对准茶杯，回环往复，务必点滴入杯。

（17）请茶（恭敬请香茗）。恭敬地请嘉宾品茶。

（18）闻香（先闻寻其香）。未饮前，先闻茶汤的香气

（19）啜味（再啜觅其味）。分三口啜饮，一口为喝，二口为饮，三口为品。

（20）审韵（三嗅审其韵）。啜完三口后，再把茶杯余下的少许茶汤倒入茶盘，冷闻杯底，赏杯中韵香。

（21）谢宾（复恭谢嘉宾）。微笑地向嘉宾鞠躬以表谢意。

在潮汕本地，泡茶的时候还有广为流传的口诀：

（1）白鹤沐浴（洗杯）

（2）乌龙入宫（落茶）

（3）悬壶高冲（冲茶）

（4）春风拂面（刮沫）

（5）关公巡城（倒茶）

（6）韩信点兵（点茶）

（7）鉴尝汤色（看茶）

（8）品啜甘霖（喝茶）

一泡好的工夫茶需要讲究各个步骤准确无误，品茶人在品茶时才能体味人生百态，回味无穷，就像这八句口诀一样，道尽人生价值。工夫茶不是专为解渴的，它是一种合乎道德、科学和艺术的真善美的高级享受。工夫茶座洋溢着祥和的气氛，共饮的人相敬相爱。茶具雅洁，冲沏精细，诗情画意，开通思路，可以说是人间极乐。

其实在潮汕地区，工夫茶也是一种礼仪，我们称之为“茶礼”。正如李郢《酬友人春暮寄枳花茶》一诗：“昨日东风吹枳花，酒醒春晚一瓯茶。如云正护幽人堑，似雪才分野老家。金饼拍成和雨露，玉尘煎出照烟霞。相如病渴今全校，不羡生台白颈鸦。”此诗道尽了对故友的思念和祝福。在潮汕，工夫茶其实有不少的讲究。幽默的潮汕人还将它们编成俚语，不仅朗朗上口，还能警示后人，并且言语中尽显浓浓的人文风情，工夫茶俚语有这些：

（1）酒满敬人，茶满欺人

通常来说，酒水多为常温的，茶多是滚烫的。而茶杯中盛太满的茶，客人的手自然容易被烫伤，说不准还会出现失手打碎杯子的尴尬情况。因此，斟茶不能满，一般七分满为宜。

（2）先尊后卑，先老后少

熟悉潮汕工夫茶的朋友，可能对这句话并不陌生。斟茶时，潮汕人会遵循先尊老后卑幼的顺序，而敬茶时除了论资排辈，还得先敬宾客再敬自家人，须在场的人全都喝过茶之后，掌茶人才可以饮茶，否则就是对客人不敬。

（3）强宾压主，响杯檫盘

这句话是指宾客在喝茶时，要轻拿轻放，不要有举茶杯时在茶盘上摩擦、杯碟相撞发出声响等行为，否则会被视为“强宾压主”，不太礼貌。

（4）喝茶皱眉，嫌茶厌主

在潮汕人家做客，最好喝茶时不要轻易露出皱眉的表情，因为主人发现后，就会认为宾客嫌弃自家的茶不好，不合口味。

（5）头冲欺宾，二冲待客

冲茶时，头道茶必须倒掉，因为里面有杂质不宜喝饮，还有就是在潮汕茶习俗中，让宾客喝头道茶，就有欺侮的意思。

（6）新客换茶，待之有礼

在宾主欢聚一堂品茗聊天的时刻，若中间有新客到来，主人要立即换茶以表示欢迎，否则会被认为是“慢客”。换茶叶之后的二道茶，要让新客先饮，若新客一再推卸便为“却之不恭”。

（7）暗逐宾客，恰如其道

虽然潮汕人热情好客，但因各类原因不方便接待或是不想接待宾客时，主人可长时间不换茶叶饮用，这样宾客便知主人已有暗下“逐客令”之意，便会起身告别。

所以我们说“以茶会亲友，品茶思人生”，这不仅仅是礼仪的存在，在和亲友品工夫茶中，我们也能悟到些许人生真谛，人生当精彩如工夫茶：当学习疲惫时，可以喝一泡工夫茶提提神，这时的茶是苦涩的，因为还有任务没完成；当工作劳累时，可以喝一泡工夫茶放松放松，这时你会有如释重负的感觉，此刻的茶像是人生轻松时刻的代表；当亲友聚会时，可以一边喝工夫茶一边聊天，也能增进聊天氛围，这时的茶是我们人生的调味品；当午后闲暇时，可以一边喝工夫茶一边看书，享受安静带给人们内心的安谧，就像这茶一样，静静地躺在茶杯里，偶尔微风吹拂，轻轻掠过表面，又转瞬即逝，像极了人的内心。

时光悠远，世事淡然，有一种情怀，淡香如茶；有一种人生，清澈如水。水甘味真，茶清梦好！一杯清茶，一颗静心：“茶”字拆开即“人在草木间”。人生一世，草木一秋，几度冷暖，几许纷繁，人与茶之间有着禅意的相连。人生沉浮，如一盏茶水，苦如茶，香亦如茶。淡名、淡利，无争、无夺。浮生若梦，一杯清茶解烦忧！一切自然，一切脱俗，一切入幽美邈远的意境，皆是人生的淡雅之美。

创新 实践活动异想天开

【茶具简介】

顾况《焙茶坞》：“新茶已上焙，旧架忧生醭。旋旋续新烟，呼儿劈寒木。”这写出了对于茶道的讲究，可以看出潮汕人对于茶具也很有讲究，工夫茶具中的碗盖和茶杯，是茶器中的两种。一套完整的工夫茶具是28件套，包括茶盘、茶荷、茶则、茶匙、茶针、茶巾、茶叶罐、茶漏、茶夹、茶壶、茶桶、茶导、养壶笔、茶垫、茶宠、闻香杯、盖碗、茶海（也就是公道杯）、品茗杯、茶洗、茶勺、杯叉、煮水器等。只有了解了各个茶具的用途，才能在泡茶时掌握21道工序。28件套重要组成部分的用途主要如下：

（1）盖碗的陶瓷茶具

盖碗茶具是一种上有盖，下有托，中有碗的茶具，又称“三才碗”。盖为天，托为地，碗为人。品盖碗茶，韵味无穷。茶盖放在碗内，若要茶汤浓些，可用茶盖在水面轻轻刮一刮，使整碗茶水上下翻转，轻刮则淡，重刮则浓，是其妙也。

（2）闻香杯

闻香杯，闻香之用，比品茗杯细长，是乌龙茶特有的茶具，多用于冲泡台湾高香的乌龙时使用。与饮杯配套，质地相同，加一茶托则为一套闻香组杯，好处：一是保温效果好，可以让茶的热量多留存一段时间，饮者也能够握住杯颈暖一会儿手；二是茶香的味散发慢，可以让饮者尽情地去玩赏品味。

（3）茶壶（紫砂或朱泥的）

选出水量为三杯或四杯的（干茶1/3壶，完全泡开时的出水），多了少了都难控制。

（4）茶盘（宽，平）

竹木皆可，最好不用塑料的，有异味。它提供的方便在泡第一、二道茶时不可或缺，因为那时的时间控制是论秒计的，一点不顺手就泡坏了。

（5）茶匙、茶荷

茶匙、茶荷就是干茶入壶前的量具，跟其他杂七杂八的用具一套买的，搁在一笔筒似的东西里，整套叫“茶道”。竹木石骨都无所谓，紫檀的不错。茶量直接影响茶汤的浓淡和气味，必须准确，泡多了就会知道一粒干茶的量都有影响。

（6）炉及水壶

电或酒精烧的都可以，本身发热时不生异味就行，属必备品。绝大多数工夫茶要求沸水，万万不能用饮水机或电热水壶代替，因为它们设置的恒温是90—95摄氏度，而且太多水不断地沸腾，水质会受影响。杯白瓷薄壁的，不影响茶色和茶味，清洗也方便。

（7）储茶的罐

纸罐外套密封袋最方便实惠，纸罐遮光，密封袋封气味和潮湿，放在阴凉干爽的地方。有明显焊缝的锡罐不要用（多数在罐底那一圈），因为焊剂洗不掉，味道会混到茶里。

潮汕工夫茶以独特的茶叶品质，独特的茶具、泡茶方法、品饮方法而闻名于世。它是一种融精神、礼仪、沏泡技艺、品评茶叶质量等多方面为一体的完整茶道。广东省茶文化研究院每年都会举办“斗茶”比赛，斗茶其实就是一种饮茶的娱乐方式，也是一种“茶术”的展现，即比赛茶的好坏之意。

它的步骤可分为：

（1）熁（xié）盏。即预热杯盏。北宋蔡襄曾说：“凡欲点茶，先须熁盏令热，冷则茶不浮。”

（2）调膏。即往盏中挑入一定量的茶末，注入少量沸水，调和成浓稠膏状。

（3）点茶。也是斗茶过程中最重要的一环，即往盏中注入沸水。注水时，要求水自壶嘴中涌出呈柱状，注时连续，一收即止。

（4）击拂。就是用一种类似小扫帚状的茶筅搅动茶汤，使之泛起汤花。

斗茶的评分规则如下：

一是汤色。即茶水的颜色。一般标准是以纯白为上，青白、灰白、黄白，则等而下之。色纯白，表明茶质鲜嫩，蒸时火候恰到好处；色发青，表明蒸时火候不足；色泛灰，是蒸时火候太老；色泛黄，则说明采摘不及时；色泛红，是炒焙火候过了头。

二是汤花。即指汤面泛起的泡沫。决定汤花的优劣要看两条标准：第一是汤花的色泽。因汤花的色泽与汤色是密切相关的，因此，汤花的色泽标准与汤色的标准是一样的。第二是汤花泛起后，水痕出现的早晚，早者为负，晚者为胜。如果茶末研碾细腻，点汤、击拂恰到好处，汤花匀细，有若“冷粥面”，就可以紧咬盏沿，久聚不散。这种最佳效果，名曰“咬盏”。反之，汤花泛起，不能咬盏，会很快散开。汤花一散，汤与盏相接的地方就露出“水痕”（茶色水线）。因此，水痕出现的早晚，就成为评判汤花优劣的依据。

一般在斗茶比赛的现场，评委们都会在摆满茶叶样品的桌子前走动，经过查看茶叶外形、泡水、闻嗅、观察茶叶泡后舒展情况、品尝味道后，评委将每一项评判分数写到手中的计分表。

斗茶又叫斗茗、茗战，源于唐而盛于宋，是茶人之间在春茶采制时以优良次序排名的一种赛事。主要应注意以下几点：身要正，无论是在进行冲泡中还是在平时，身形要保持端庄，不偏不倚，唯有身形端正才能保证气息顺畅。水要静，也就是说泡茶时，刚刚沸腾的水必须等到里面完全不沸腾的时候才能开始注水，否则就会造成注水过程中水流忽大忽小而不好把握注水的方向和力度的问题。台要简，简就是指整个茶台除了必须用的茶具，尽可能减少无关的器物。心要净，没有杂念，一心侍茶，不要想茶之外的人和事。手要稳，无论是泡茶还是出汤，动作要稳，不能力度忽大忽小、忽高忽低。器要洁，所有的茶具必须是保证清洁无垢。气要顺，泡茶前，一定要调整好自己的呼吸，保证呼吸平顺。声要低，无论是泡茶还是交流，不可发出高声。茶从离开茶树那一刻起，就期待着与水相逢。水唤醒茶，茶成就水；水包容茶，茶丰富水；茶因水而重生，水因茶而清香。在中华茶文化的发展过程中，民间斗茶赛以其丰富的文化内涵，为其增添了灿烂的光彩，也为凤凰单丛的人文历史书写了辉煌的一页，通过斗茶可以了解茶的历史，培养专注、严谨的做事方法，体会茶道的历史文化美学

刘松年《斗茶图》

价值、社会家庭文化价值、健身益智价值。

叶汉钟冲茶

古往今来，有很多工夫茶的传承人，其中叶汉钟是工夫茶非物质文化遗产代表性传承人，1986 年入行，30 年探索和实践，以艺载道，制茶手艺已入化境。他的故事，甚至被收录在央视的纪录片《茶，一片树叶的故事》中。

结语 传承非遗五育并举

不同的人冲茶的技艺都不同，其实这个就是我们的人生，自己泡茶的手法不同，象征着人生不同的选择，没有谁和谁泡出的茶是相同的，说明每个人的人生都是独一无二、无可替代的，正如生活中，不可能每个人都能按照自己的想法来，要学会理解他人，体谅他人，学会换位思考，才能与别人建立长久友谊，也可以从交流中找到自己的人生价值，从而实现自己的人生价值，茶与水的缘，许是因万年前溪边婆娑的小树，此生才牵手相随；水与茶的分，许是千年前嫩叶上留恋的珠露，今朝才得以相遇。

工夫茶，其茶道体现了人性之美与环境之美，其泡茶文化闪烁着悠久的中国历史文化底蕴的光芒。喝工夫茶自然放松与休闲的情境，茶道艺术之美，喝茶时的礼让与敬意以及意蕴茶中之“和”，能使人在竞争下的焦虑得到某种舒缓，自然移情于这种融入和谐之美的茶事活动之中，寻求人与人之间的亲和关系，从而寻求自然与人的亲和关系之美，即“天人合一”，正暗合于当下的生态意识的审美意义，领悟生命中深刻的内容，提升生命的精神内涵与生态意识。

二十四节气——“中国第五大发明”

解小羽 钟艳娟

发现 挖掘生活中的非遗

我们智慧的祖先，为了准确地把握好一年当中的时间和季节变化，特意设定了二十四节气。节气就是表示季节更换的时间点，日历上写的几时几分交节就是这个意思。一年中共有二十四个这样的节气。

1. 二十四节气传说

二十四节气是中华民族古老文明和智慧的结晶，关于二十四节气有一个美丽的传说故事。

从前，有一个浪子，家中颇为富有。可这浪子不知时令节气，不好好种田，成天只知花天酒地、吃喝玩乐，坐吃山空，把父亲留下来的一份祖业吃光了，后来只好向亲戚借贷。

时间长了，亲戚都不理他了。他只好向舅舅借衣服去当，把舅舅仅有的几件衣服也当得差不多了，只剩下一件稍值钱一点的棉袄了。

正月初一这一天，浪子名为上门给舅舅拜年，实际上就是为了借这件棉袄。一看舅舅把棉袄穿在身上，天气又是那样的冷，也没好意思开口让舅舅把这件棉袄脱下来。

好不容易等到到了二月份，浪子心想：舅舅这时可能不会穿棉袄了，于是来到舅舅家。舅舅一听说他要借棉袄，就说：“二月二十八，冻死鸡和鸭。”浪子一听，没门儿，只得走了。

到了三月份，天气逐渐转暖。浪子认为时机已到，又来到舅舅家。舅舅一听说他要借棉袄，又说：“三月三，冻死单身汉。”

浪子知道舅舅是个单身汉，一听这话知道又没门儿，只得走了。

到了四月份，天气更暖和了。浪子心想这回应该可以了，便再次来到舅舅家。舅舅一听说他还是要借棉袄，就说：“四月二十，冻断树枝。”浪子一听，知道借棉袄又没门儿，只得走了。

到了五月份，人们都穿单衣，浪子心想：现在去借棉袄，舅舅还有什么话说？谁知舅舅却说了一句：“吃了五月粽，寒衣不可送。”

到了六月份，天气热得很，人们都打起赤膊来了。浪子心想：我六月三伏天去借棉袄，看你还有何话说！谁知舅舅却说：“人是不毛虫，单怕六月天的冷北风。”

到了七月份，天气仍然很热，浪子又找舅舅开口借棉袄。舅舅说：“吃了七月半的饭，放牛儿子堤坡站。”这意思很明白：天气冷起来了，棉袄借不成了。

到了八月份，浪子不死心，又去找舅舅。舅舅说：“八月十五雁门开，雁儿头上带霜来。”开始下霜了，谁还愿把棉袄借出去？

到了九月份，浪子还是不死心，又去了舅舅家。还没有开口，舅舅说：“起了重阳风，虫子蚂蚁都要准备过冬了，你就不要再打我件棉袄的主意。我以前接济你，实际上是害了你。你以后借东西典当是没有门了，我有也不会借给你。你还是好好种田，自己养活自己吧！”

后来浪子回头，勤扒苦做，终于积起了一份家业。

2. 二十四节气的测定：天心地胆的节气传说

中国最古老的观星台在河南省登封市，观星台始建于元朝，由著名天文学家郭守敬创建。郭守敬就是在此测定出二十四节气，实行了当时世界最先进的历法《授时历》。关于二十四节气的测定，还有着一个美丽的传说。

元朝著名的天文学家、数学家、水利工程专家郭守敬接受改革历法的任务后，就很想在大地的中心建一个观测站。可是，大地的中心在哪里呢？郭守敬想尽了办法也没能想出个所以然，还为此得了一场大病。

一天，郭守敬正卧床养病，大门外来了一个医生，送了一张药方，郭守敬接过药方一看，只见上面写着：“天心”一个，“地胆”一枚，药引：“中药”一钱。

刚看完药方，郭守敬便立即跳下床，欣喜地对随从说：“快去把大夫请来！”随从到大门口一看，大夫早已走了。郭守敬惋惜地说：“此药妙矣！”随从一听问道：“有天心、地胆这样的药吗？”

郭守敬说：“药没找到，不过药引找到了，‘中药’可能就是中岳嵩山，‘一钱’可能就是说在中岳嵩山以前，‘天心’‘地胆’可能就在中岳嵩山以前。”于是就带领人马到中岳嵩山找“天心”“地胆”去了。

后来，郭守敬在告成发现了周公测景台，他便在测景台的后面建起了一座观星台，并在此测定出二十四节气，实行了当时世界最先进的历法《授时历》。

《授时历》为公元1281年（元至元十八年）实施的历法名，因元世祖忽必烈封赐而得名，原著及史书均称其为《授时历经》。其法以365.2425日为一岁，距近代观测值365.2422仅差25.92秒，精度与公历（指1582年《格里高利历》）相当，但比西方早采用了300多年。公元1276年，元世祖命许衡“领太史院事”，全面负责这一工作，并以郭守敬、王恂为副，共同研订。

祖先们没有时钟计时，便在地上插一根竿子，依“竿影”来确定“冬至”“夏至”“春分”“秋分”。再根据太阳从黄经（即地球绕太阳公转的轨道）零度起，沿黄经每运行15度所经历的时日称为“一个节气”，依次划分出二十四个节气。

寻根 扫码观看前世今生

二十四节气既是历代官府颁布的时间标准，也是指导农业生产的指南针、日常生活中人们预知冷暖雪雨的指南针。

2016年11月30日，二十四节气被正式列入联合国教科文组织人类非物质文化遗产代表作名录。在国际气象界，二十四节气被誉为“中国的第五大发明”。

问道 拓展阅读学艺知技

【非遗大学堂】

1. 什么是二十四节气

二十四节气是指廿四个特定节令。分别为：立春、雨水、惊蛰、春分、清明、谷雨、立夏、小满、芒种、夏至、小暑、大暑、立秋、处暑、白露、秋分、寒露、霜降、立冬、小雪、大雪、冬至、小寒、大寒。

二十四节气是根据地球在黄道（即地球绕太阳公转的轨道）上的位置

来划分的。它是中国古代订立的一种用来指导农事的补充历法，视太阳从春分点出发，每前进 15 度为一个节气；运行一周又回到春分点为一回归年，合 360 度，因此分为 24 个节气。在春秋时期，中国古代先贤就定出仲春、仲夏、仲秋和仲冬等四个节气，后来不断地改进和完善，到秦汉年间，二十四节气已完全确立。

中国是农业发达的文明古国，对农业社会来说，春耕、夏耘、秋收、冬藏是一件大事，因此对气候与季节变化，须有一套准则或方法来遵循，以指导农业生产。二十四节气就是在这种情况下制定出来的。二十四节气是上古先民顺应农时，通过观察天体运行，认知一岁中时候（时令）、气候、物候变化规律所形成的知识体系。农耕生产与大自然节律息息相关，二十四节气在农耕生产方面起着指导作用，它是古代农耕文化对于节令的反映。

2. 二十四节气的发展沿革（见下图）

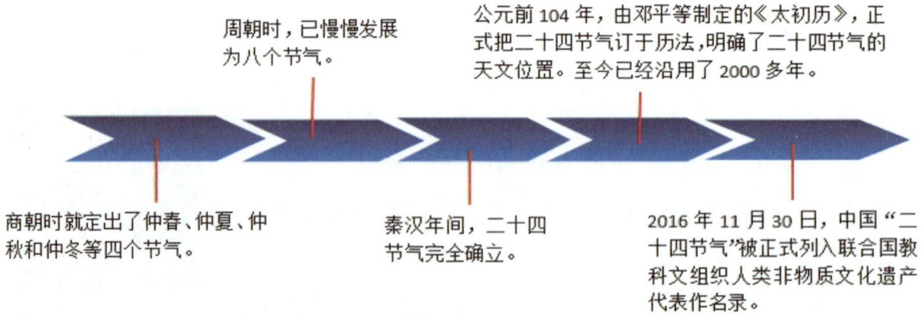

3. 二十四节气的作用

二十四节气的命名反映了季节、物候现象和气候变化。

反映四季变化的节气有立春、春分、立夏、夏至、立秋、秋分、立冬、冬至八个节气。其中立春、立夏、立秋、立冬齐称“四立”，表示四季开始的意思。

反映温度变化的有小暑、大暑、处暑、小寒、大寒五个节气。

反映天气现象的有雨水、谷雨、白露、寒露、霜降、小雪、大雪七个节气。

反映物候现象的有惊蛰、清明、小满、芒种四个节气。

为了便于记忆和理解二十四节气，人们把它编成小诗歌，流传至今有多种版本，后人又将小诗歌谱上曲子在民间传唱。

二十四节气歌

春雨惊春清谷天，夏满芒夏暑相连。
秋处露秋寒霜降，冬雪雪冬小大寒。
上半年逢六廿一，下半年逢八廿三。
每月两节不变更，最多相差一两天。

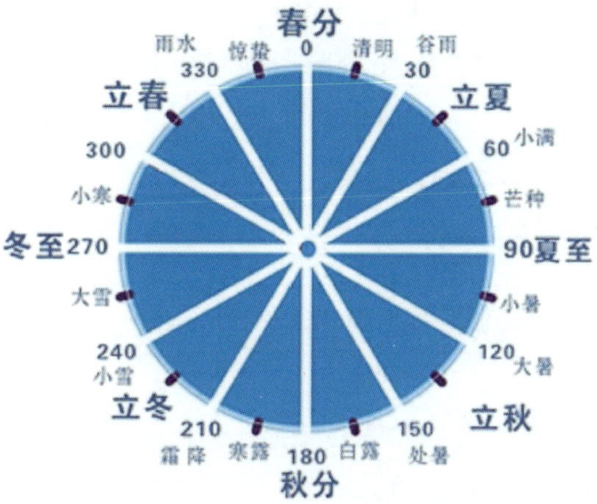

二十四节气是上古农耕文明的产物，它在我国传统农耕文化中占有极其重要的位置，其背后蕴含了中华民族悠久的文化内涵和历史积淀。它是中国古代先人们认识世界、认识自然的智慧结晶，饱含着文化知识和文化韵味，体现了中华民族身上流淌的文化基因。2016 年，二十四节气被正式列入联合国教科文组织人类非物质文化遗产代表作名录，在国际气象界，二十四节气被誉为“中国的第五大发明”，这是我们中国人的骄傲。

创新 实践活动异想天开

【技法实操】

农历二十四节气这一非物质文化遗产十分丰富，其中既包括相关的谚语、歌谣、传说等，又有传统生产工具、生活器具、工艺品、书画等艺术作品，还包括与节令关系密切的节日文化、生产仪式和民间风俗。

1. 舌尖上的二十四节气

千百年来，“民以食为天”，二十四节气中蕴含的古老智慧和美学，依旧在潜移默化地影响着人们的饮食、思想观念、行为和生活。“与美食相遇，吃在二十四节气”，从中可以感受二十四节气美食的魅力。

2. 二十四节气的民间传统习俗

农民们总是祈祷丰收，祈求消灾，因此又形成了丰富多彩的节气风俗，如清明节的踏青、扫墓习俗，至今仍很风行。有的节气还成了重要的节日，如立春日是“春节”（指旧时）。冬至最有特色的习俗便是“数九”。冬至前后，冻破石头。天寒地冻，如何消寒，如何熬过漫漫冬日？智慧的古人发明了“数九”游戏：按照各地的物候、农事、风俗习惯编排出朗朗上口的数九歌，孩子、大人们唱着数九歌，描画着《九九消寒图》。《帝京景物略》记载：“日冬至，画素梅一枝，为瓣八十有一，日染一瓣，瓣尽而九九出，则春深矣，曰‘九九消寒图’。”民俗共同组成中华民族岁时节令文化，在几千年的历史长河中不断得到丰富和发展，并且正在走向世界。

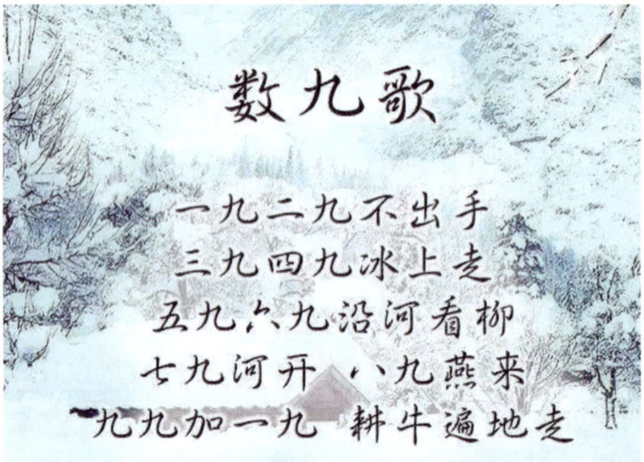

民俗是民众沟通情感的纽带，是彼此认同的标志，是规范行为的准绳，是维系群体团结的黏合剂，是世世代代锤炼和传承的文化传统。

结语 传承非遗五育并举

二十四节气与大自然息息相关，伟大的先人总结出大自然的变化，在固定的时间段留意气候变化规律，气候的变化影响着人们的生活习俗、大自然动植物的发展。

随着中国城市化进程的加快和现代化农业技术的发展，二十四节气对

二十四节气表演

于农事的指导功能逐渐减弱，但在当代中国人的生活世界中依然具有多方面的文化意义和社会功能。作为典型的非物质文化遗产，二十四节气最重要的文化意义在于：它鲜明地昭示了中国人尊重自然、顺应规律的理念，彰显出中国人对宇宙和自然界认知的独特性、实践活动的丰富性以及与自然和谐相处的智慧和创造力。

加强对人类文化遗产的保护，就是让更多的人认识、了解二十四节气，使这一重要的文化遗产在当代社会文化生活中焕发出新的活力。

传统节庆——传统文化的重要载体

黎艺舟

发现 挖掘生活中的非遗

节庆是指在固定或不固定的日期内，以庆祝或纪念某个主题而形成的约定俗成或世代相传的一种社会活动。下图呈现的就是我们所熟悉的一些节庆。

俗话说“一方水土养一方人”，事实上，一方水土也孕育了一方文化。东方文明在源远流长的历史长河中造就了许多灿烂的文化，如这些节日，是从我们的祖先开始一代一代传下来，我们把它们称为传统节日。传统节庆与传统节日相对应，有着各自的特点。

寻根 扫码观看前世今生

“传统节庆”是在特定的日期内，以特定主题活动方式，约定俗成、世代相传的一种社会庆典活动。我国节庆种类很多，有单一性和综合性节庆，可分为祭祀节庆、纪念节庆、庆贺节庆、社交游乐节庆等。

2006年5月20日，中国四大传统节日：春节、清明节、端午节与中秋节，经国务院批准列入第一批国家级非物质文化遗产名录。2009年9月，联合国教科文组织正式批准中国端午节列入世界非物质文化遗产，成为中国首个入选世界非遗的节日。

问道 拓展阅读学艺知技

【非遗大学堂】

1. 节庆的表现方式

看了传统节庆的视频和图片，相信大家对传统节庆有了初步的认识了。这些传统节庆有哪些表现方式呢？下面通过一个关于“春节”的故事来进行介绍。

传说古时候有一种叫“年”的怪兽，头长触角，凶猛异常。“年”长年深居海底，每到除夕才爬上岸，吞食牲畜伤害人命。因此，每到除夕这天，村村寨寨的人们扶老携幼逃往深山，以躲避“年”兽的伤害。有一年除夕，从村外来了个乞讨的老人。乡亲们一片匆忙恐慌景象，只有村东头一位老婆婆给了老人些食物，并劝他快上山躲避“年”兽。那老人捋髯笑道：“婆婆若让我在家待一夜，我一定把‘年’兽撵走。”老婆婆继续劝说，乞讨老人笑而不语。半夜时分，“年”兽闯进村。它发现村里气氛与往年不同：村东头老婆婆家，门贴大红纸，屋内烛火通明。“年”兽浑身一抖，怪叫了一声。将近门口时，院内突然传来“砰砰啪啪”的炸响声，“年”

浑身战栗，再不敢往前凑了。原来，“年”最怕红色、火光和炸响。这时，婆婆的家门大开，只见院内一位身披红袍的老人在哈哈大笑。“年”大惊失色，狼狈逃走了。第二天是正月初一，避难回来的人们见村里安然无恙十分惊奇。这时，老婆婆才恍然大悟，赶忙向乡亲们述说了乞讨老人的许诺。这件事很快在周围村里传开了，人们都知道了驱赶“年”兽的办法。从此每年除夕，村里家家贴红对联、燃放爆竹，户户烛火通明、守更待岁。初一一大早，还要走亲串友道喜问好。这风俗越传越广，成了我国民间最为普遍的庆祝方式。

虽然这只是一个传说，但是春节时的这些庆祝活动一直延续了下来。这就是传统节庆的一种表现方式了。

我国传统节庆种类很多，从节庆内容可分为祭祀节庆、纪念节庆、庆贺节庆、社交游乐节庆等。

（1）春节

春节是中华民族最隆重的节庆。据史料记载，春节最早源于原始神农时代的“腊祭”，民间称春节为“过年”或“过大年”。

（2）清明节

传统的清明节以扫墓祭祖与踏青为主要内容。到现在，各地的习俗则不一而足了。

广东：传统的广东人有在正清当日“行清”的习俗。“行清”与踏青不同，踏青是郊游，“行清”则是一族人一起约定那一天齐齐去扫墓。按照旧的习俗，扫墓时，人们要携带酒食果品、纸钱等物品到墓地，将食物供祭在亲人墓前，再将纸钱焚化，为坟墓培上新土，折几枝嫩绿的新枝插在坟上，然后叩头行礼祭拜，最后吃掉酒食回家。

浙江：浙江桐乡民间流传着“清明大如年”的俗语。桐乡是江南蚕桑的主要产地，其乡间流传着丰富的蚕乡习俗，清明轧蚕花便是其中最具代表性的活动。而在浙江湖州，清明节家家裹粽子，可作上坟的祭品，也可作踏青带的干粮。农家有清明吃螺蛳的习惯，这天用针挑出螺蛳肉烹食，叫“挑青”。吃后将螺蛳壳扔到房顶上，据说屋瓦上发出的滚动声能吓跑老鼠，有利于清明后养蚕。清明节这天，还要办社酒，同一宗祠的人家在一起聚餐。没有宗祠的人家，一般同一高祖下各房子孙们在一起聚餐。

重庆：重庆人在清明这天，有吃寒食的习俗。过去人们扫墓时的“清明食品”，往往是锅盔加卤菜、凉菜。这种锅盔里面夹的“和菜”，由粉丝、莴笋丝、肉丝加上春芽凉拌而成。扫墓一般都在郊外，相当于春游，一大家子人还会带上凉面、酒菜、糖果等食品，祭奠先人后，大家一起吃掉，又有耍的又有吃的，最高兴的就是小孩子了。

湖南：长沙将扫墓称为“挂山”，有“前三后七”之称，即清明节的前三天后七天为扫墓期。扫墓祭祀有先后顺序，一般都要先将墓地清理干净，拔除墓地杂草，插上“挂山条子”在墓前拜祭，最好是下午 3 点前完成扫墓祭拜。

（3）端午节

农历五月五日为端午节，又叫端阳节、重五节。

广东：广东过端午节历史悠久，广州扒龙舟的历史最早可以追溯到南汉时期，南汉后主刘鋹当年在广州城西疏浚“玉液池”，每年农历端午节举行龙舟竞渡。顺德、中山、东莞等地的龙舟历史最早可以追溯到明代。广东端午节习俗甚多，主要有扒龙船、食粽、插艾草、龙点睛、拜神祭祖、祈福消灾、打午时水、插艾草、睇龙船、龙船饭、聚午宴、放纸鸢、洗草药水、浸龙舟水等。

江苏：苏州是端午节龙舟竞渡的发祥地。江苏的端午习俗除了划龙舟外，节日饮食有粽子、雄黄酒、五黄宴，节日装饰则有五毒图、菖蒲艾叶、钟馗像、缠臂的彩线、挂丝线粽、穿五毒衣、佩香包等。而在江南地区，还有独特的驱毒避邪习俗——消赤口白舌；悬钟馗、关帝画像于堂上，像前供瓶，内插菖蒲、艾叶，门户左右亦插放根部包有红纸之菖蒲、艾叶；用红纸书写去除邪气之意的词句张贴于门外。

海南：海南每逢端午，除了包粽子、吃粽子外，还有着洗龙舟水、赛龙舟、祛五毒、祭祀祖先等传统习俗。《崖州志》中就记载道：“五月端午，保平里有赛龙船之举。为角粽，祀祖先，以相馈遗。又采芦花、香草、菖艾，浸水供神，浴体。或折艾悬门，以辟疫。是日，士女皆出港门观竞渡。儿童放各种纸鸢，角高下。乐罗冲育黎伏三里聚众千百，互相斗殴，谓之打风筝架，虽官府不能禁。”可见，在历史上古崖州一带的人们在端午节前后有着极为丰富的庆祝活动。

广西：广西端午民俗活动主要有舞龙、舞狮、腰鼓等民俗文艺表演。广西南部地区，比如宁明、崇左、龙州等地，过端午节都要包凉粽，叫作“灰水粽”。包粽子前先到山上砍回一些诸如苦楝树等树木的枝叶，在太阳下晒到半干时就堆放到平地里烧，然后把得到的灰放到一个竹制容器里用清水冲滤。最后用过滤得到的棕黄色的水来浸泡准备好的糯米。经过浸泡后的糯米会在原来的香气中透出一股草木灰特有的清香，包出的粽子煮熟后多呈淡黄色或者棕黄色。

（4）中秋节

农历八月十五为中秋节，又称团圆节、海城八月节、八月半、月夕等，是因为时值秋天的三月之中而得名。

中秋民俗始于唐朝，历经千年文化积淀和内容演变，如今，有些民俗活动越发清晰和兴盛，有些民俗则逐渐模糊和衰落。不管这些民俗过去和将来的命运怎样、人们的庆祝方式如何变化，它所代表的团圆安定、天人合一、欢庆丰收的内涵却永不过时。

兴盛习俗：亲友团聚、吃月饼、互送礼品。

普遍习俗：赏月、庆丰收、游戏娱乐（如走月亮、逛夜市、游园会、放烟花、燃宝塔灯、放孔明灯、看灯会、猜灯谜、舞龙、玩兔爷等）。

遗留习俗：拜月、祈子、预测气象。

2. 节庆的日期

中华传统节庆文化有许多重要的组成部分，它们相互作用、彼此依托，才保证了节庆文化的持久存在和不断发展。节庆的日期就是这些重要的组成部分之一。

节庆日期的选择与设定，一般依据天候、物候和气候的周期性转换而约定俗成。早在先秦时期，人们就已开始认同从节气中择定节日。甲骨文、金文中就有通行的“年”字，字形是“谷物成熟”之形。最早被择定为节日的是被确认的节气之交接日，即立春、立夏、立秋、立冬和春分、夏至、秋分、冬至八个节日。“八节”标志着阴阳四时的时令变化，故后世有“四时八节”之称。人们还根据月之朔、望择定节日。日出日落，形成一日；月圆月缺，构成一月；谷物由播种到成熟、收获，是为一年。由此，年、月、日的三级计时单位组合而成，并确定下来。与此同时，昏、旦、朔、望、岁首、岁末等时日，也便凸显并明确起来，并被人们分别确定为各个固定的节日。

值得一提的是，我国传统节庆日期的确定，是根据我国的传统历法，也就是俗称“农历”来确定的。而我们现在采用的是国际通用的历法，即公历，所以造成了每年传统节庆的日期并不固定在公历的某一天这一现象。

创新 实践活动异想天开

【技法实操】

过节放鞭炮是我们国家一种传统节庆的表现形式。现在为了环保和防火安全，城市已经禁止燃放鞭炮了。手工制作一串小鞭炮，节日时挂在家里作装饰，让这个小天地充满浓浓的节日气氛。鞭炮非常简单易学，让我们动起来吧。

1. 准备材料

红、黄两种颜色的卡纸、丝带（挂鞭炮用，什么绳都可以）；胶、剪刀。

2. 制作过程

（1）将红色卡纸剪成 2 厘米 ×10 厘米的长方形若干。

（2）将黄色卡纸剪成宽约为 3 毫米的细长条。

（3）在红纸边缘上边留约 5 毫米宽的距离处涂一条胶（粘双面胶和别的胶也行，固体胶黏性有点小），粘贴上黄色纸条，下边也粘上一条黄色纸条。

（4）将贴好纸条的红色卡纸对折，分成三份，剪下，成三张纸片，剪若干这样的纸片。

（5）把纸片翻过来，在边缘涂上胶，对面的纸弯过来，粘好。

（6）把纸片都粘好，在每个小纸筒的一端剪一个口。

（7）把丝带的一头打结，结要打得大一点，也可以在先穿一个大的珠子再打结。将打好结的丝带从小鞭炮的孔中穿进去，从另一边拉出来。

（8）把所有的小纸筒都串起来，就成了一串小鞭炮了。红红的，挂在家中，一定很喜庆！

结语 传承非遗五育并举

【明理导行】

几千年来，我们的先辈在这块美丽的土地上生息、繁衍，在他们长期的生产活动和日常生活中，逐渐形成了具有浓郁地方特色的各种传统节庆风俗习惯。这些风俗习惯凝聚了先辈对美好生活的追求和向往，反映了他们朴实、勤俭的优良品质。而这些传统节庆习俗随生产的发展、社会的进步也从野蛮走向文明，从愚昧走向科学。随着文明的发展、科学的进步，有的传统节庆习俗已被摒弃，同时有些习俗又被注入新的内容，得到了继承和发扬。

【非遗传承小天使】

春节的大锣鼓

郑钰琳　六年（3）班　指导老师：贺春芳

大年三十，人们迎来了期待已久的除夕。我的老家，位于广东潮州，这天，县城里张灯结彩，家家都贴着大红色的对联和五彩的年画，保佑着全家在新的一年里平平安安、红红火火，朴素的潮汕人民脸上洋溢着节日的喜悦。

“砰！砰！砰！”屋外传来了除夕那富有标志性的响亮的鞭炮声。我兴奋地跑出去，看见亲戚们买回了各种好玩的鞭炮，正在嬉闹着，笑容荡漾在每个人的脸上，激起一圈圈欢乐的涟漪。

忽然，巷子外传来一阵细腻均匀、清脆动听的鼓点。“啊！是锣鼓班！”表姐高兴地叫起来，拿着鞭炮的小表妹，马上丢下鞭炮，火急火燎地冲了出去；正在和着糯米面做红桃粿的姥姥，将沾满面粉的双手胡乱往围裙上一拍，颤悠悠地跑了出去；正在陪二舅爷聊天的舅舅，把刚点着的香烟猛地摁息在烟灰缸里，扯着二舅爷就往门外一跨；我和表姐也跟着跑到巷子外，看见邻居们有的站在巷子口，有的坐在路旁的小吃店，有的抱着稚嫩的孩子，有的扶着家中的老人，大家一边唠嗑，一边探头探脑地向外张望着，人人都往马路边挤，前胸贴着后背，脚尖抵着脚跟，盼着锣鼓班的到来。远远望去，如同一条长龙吸附在路边。对潮汕人民来说，锣鼓班到了，新年就到了。

大锣鼓是潮汕古老的民俗文化，被誉为“东方交响乐”，是锣鼓乐与管弦乐互相结合而成的。只要是有潮汕人的地方，都能见到潮汕大锣鼓那迷人的风采，就能感受到潮汕大锣鼓那宏伟的气势。每逢佳节，它便声震百里，绕梁三日，不绝于耳，体现了潮汕人民对这种传统民俗活动的热情。

“来了！来了！”这时站在前面的表姨高兴地向我们招手，我连忙拉着表姐跑了过去。只见头上顶着美丽的发饰、穿着红色表演服的姐姐们，排成两列翩翩而来，配合总指挥敲打出的鼓点，认真地富有动感地敲着锣，引出了跟在队伍后边的一辆挂着彩旗的红色小车，锣鼓班的总指挥——鼓手正端坐在这小车之上。鼓手既是乐队主奏，又是乐队指挥，有着不可或缺的地位。

到了一个空旷处，锣鼓班安静下来，队员们围绕着鼓手，摆好了阵形。这时全场屏住呼吸，聚精会神地看着鼓手，只见他手持鼓槌，龙飞凤舞，快速地敲出了一阵密密麻麻如同春雨般欢乐的主节奏，仿佛向人们大声宣告：“锣鼓班到来了！春节到来了！”

围观的人们顿时欢呼起来，跟着鼓点拍起手来。鼓手神采飞扬，时而锤击鼓心，掷地有声，龙吟虎啸；时而锤击鼓边，响遏行云，山鸣谷应；时而锤击鼓沿，抑扬顿挫，石破天惊。“敲得太好了！”表姐挥着手惊叹道。又见鼓手举起鼓槌，敲打着两面大鼓，时而快，犹如千军万马奔腾而来，浩浩荡荡；时而慢，犹如牛毛春雨滋润大地，飘飘洒洒；时而响击，功法精湛；时而闷击，节奏鲜明；时而重击，气势磅礴，排山倒海；时而轻击，文雅细腻，婉转动听。队伍前，襟飘带舞的姑娘们喜笑颜开地用唢呐吹出一串串清脆悦耳的声音；队伍后，阳光帅气的小伙子们眉开眼笑地用大钹击出了一阵阵深沉悠远的节奏，我情不自禁地拍手叫好。

一曲终了，锣鼓班便继续前进，前往下个地点传播春节的喜悦去了，只留下了绕梁的余音和人们不绝的赞叹。围观的人们继续唠嗑着，意犹未尽地回味着，过了好一会儿，才恋恋不舍地回到家中，开始着手准备除夕夜那丰盛的年夜饭。

老家的大锣鼓，对于家乡的人们来说，不仅仅是一种音乐的享受，更是春节那喜庆的气息和流淌在潮汕人民血液里故乡的记忆啊！

家乡的年味

林一诺　六年（3）班　指导老师：贺春芳

我的家乡是被誉为“鱼米之乡”的江汉平原，那里的春节味道除了大家熟知的“年年有余（鱼）”，更讲究各种不同“米”的搭配与制作。

糍粑·甜

年二十九的傍晚，奶奶就会招呼家里的青壮劳力——伯伯叔叔们将提前泡好的一大盆糯米倒进擦洗干净的木甑，抬到烧得正旺的柴火灶上蒸熟。等天黑透了，糯米也就熟透了。家乡的冬天很冷，木甑的盖子一掀开，浓浓的白雾如同起飞时的鸟群，“哗”地冒出来，随之而来的，是冬日里少有的暖，一家子的人都围过来，又是取暖，又是做好打糍粑的准备。

奶奶指挥着把一大块热气腾腾的熟糯米快速倒进一个大木盆中，劳力们就要开始杵糍粑了。刚蒸出来的糯米烫烫的，一粒一粒还有点硬，要在放凉之前杵成软软的、黏黏的“白胖子”，不能看到半粒米，其间只有十几分钟的时间。大家总是紧张又兴奋。伯伯叔叔们都脱去了厚实笨拙的棉袄，开始这场打糍粑挑战赛。

只见两个人，一个紧握着一根又粗又硬的木棒，一个端着一盆从外拿进来的冰水，双双围在端放在房屋正中央的、装满了滚烫的糯米的大木盆旁边。一个人快速地将木棒杵进糯米中，每拿出来一次，都能看见粘在棒尖上、披着厚厚的浓雾的丝，这说明糯米已经有了黏性。这时，另外一个人就会把泡在冰水里的手拿出来，小心又快速地给糯米团子翻个身，好似冬日里洁白的棉被被翻折了起来。

家人们一个个地轮流替换着，在升腾的热气中汗如雨下。因为要换人，必定会有姑妈和奶奶议论谁做得好、谁做得不好，引来了杵糯米的伯伯们之间的暗中较劲和翻糯米的叔叔们之间的偷偷比试。最有趣的是，因为奶奶是最有经验的，如果她不喊声“好了——”就没人敢停下，有时奶奶要是忘记喊停，伯伯叔叔们就会无休止地打下去。

这就是乡村人所说的“烟火气”，暖暖的糯米团子暖到了家人们的内心深处。

最终做好的糍粑是软糯的，是人们用来孝敬老人长者们的；最终做好的糍粑是香甜的，它代表的是家乡人民对幸福美好生活的一种向往。

这，便是家乡的“年味”。

蒸菜·香

讲究“米”的制作的食物还有家乡最著名的“沔阳三蒸”。和糍粑不同，它是由家乡特有的黏米做成的，分蒸鱼、蒸肉、蒸菜三种，可以用任意一种鱼，任意一种肉及任意一种菜，拌上粘米粉来制作。

年三十晚上，鞭炮已经响起来了，烟花也在天空绽放起来了，在乡村里深邃的夜空中，留下了带着年味儿的白色烟雾。奶奶会将切好腌好的鱼肉和择好的蔬菜，裹上香中带甜的粘米粉，一蒸就成了年夜饭上必不可少的一道带着家乡味道的年菜，但偏就是这一“蒸”，表现了劳动人民的大智慧。

蒸菜的摆放顺序特别讲究，先在木甄底部铺上一层半熟的米饭，然后将蔬菜均匀铺在米饭上，再将有一定重量的鱼肉码在菜上，压实。蒸的过程中，鱼、肉中的油就会流到菜上，菜吃起来就会有鱼肉的香气，但又始终保持原有的清新，不至于过分油腻。米饭被压在最底下，显得更加香软，还带着一丝菜里蒸出来的汁水，十分清甜。

又是那个木甄，盖儿一掀，还是那暖到心里去的“烟火气”，香味缠绵……不同的是，“沔阳三蒸”展现的是家乡人们与生俱来的生活智慧。家人们总说，每家每户都会做这道“沔阳三蒸”，但每家每户蒸出来的菜肴既相同又有不同。

——不同人家的调味都各有千秋，当然最后还属自家的最好吃。与其说这是家乡的味道，不如说这是奶奶的味道……多亲切！

这，便是家乡的“年味”。

团子·念

春节期间家乡还有一道仪式感很强的“卤菜九小碟”，寓意着日子长长久久，好事多多益善。品种繁多的卤菜，又牵连出最能体现家乡人情味儿的特色吃食——团子。

大年初六，大多数的儿女们要回归忙碌的工作状态了，老人们就会将之前做好还没吃完的各种卤菜，以及用剩的卤汁拿出来，将卤肉、菜丁拌上卤汁，和黏米碎粒一起炒熟，做成馅儿；再用粘米粉混着糯米粉加水和面，做成皮儿。这时，家里老一辈的奶奶、姑妈们就摆开场子来了。包包子的手法：娴熟地将馅儿放到刚好的皮儿上，用勺子团个圈儿，把米馅团成团子形，再一包、一掐、一捏，搓圆了，仍然放进那只大木甑里头蒸熟。蒸熟了，并不立刻吃，要留着给年轻一辈的孩子们在离乡的路上吃，或者回城返工后再吃，这种吃食，家乡人叫它团子。

团子，象征团圆，咬下去的每一口都是家乡的味道，更是父母对远方儿女的牵挂。卤汁的咸香、米皮的清香是复合的鲜香，更是复杂而深沉的爱，是父母对孩子们的思念和来年再团聚的期待。

这，便是家乡的“年味”。

年味吃食的品种繁多、做法烦琐，但因为是家人们一起动手合作完成，在过程中，大家深入交流、彼此关爱，并融入了美好的祝福：糍粑，打出来的是对甜蜜生活的向往；蒸菜，是蒸蒸日上的幸福愿望；团子，包进去的是团圆欢聚的热切期待……而这些就是世间最美好的情感。

何为“年味”？家乡那个圆圆的木甑孕育出的神奇米香加上团圆的人们，便是“年味”。

广东早茶——“一盅两件”的传承

庞伟平

发现 挖掘生活中的非遗

广州可以称为“美食天堂”，所谓“食在广州”，皆因广州人对食尤为讲究。广州人尤其爱叹早茶。每当见面打招呼，往往喜欢以一句“喂，得闲饮茶啊！”作为问候，足以见老广们对饮早茶的偏爱。早茶作为广东的一种文化载体，是一种独具特色的文化遗产，一种沟通的桥梁，一种由早茶组织起来的岭南独有的文化，一种别具特色的娱乐消遣。早茶作为广东地区的一个典型的非物质文化，有着无可比拟的重要性。

1. 广东早茶的来源

（1）消遣时间：广东人，特别是一些上了年纪的人，他们深受本土岭南文化中的早茶文化熏陶，注重享受生活，享受优哉游哉的生活，喝早茶就是其中一种愉快的消遣方式。

（2）重视家庭观念：广东人增进家庭感情的一种方式便是一家大小出去喝早茶。

（3）交流沟通：广东人热情好客，喜欢结交朋友，这一特点使广东人喜欢围桌而坐，饮茶品点，畅谈国事、家事、身边事。

（4）品味人生：广东人上茶楼，蕴涵着对精神生活的追求。

德育：餐桌礼仪、敬让长辈、健康饮食、光盘行动。

2. 广东早茶的故事

广东早茶文化源远流长，背后蕴含着深厚的文化意义。广东饮早茶的习惯是从什么时候开始的，到目前为止还没有明确的结论。只是从形式上，存在于现今广东人饮早茶的茶楼相接近的是“茶馆”。

早在清代同治、光绪年间，就有卖早茶的“二厘馆”。这种馆子只提供木桌板凳、茶水和简单的糕点，门口挂着一个牌子，上面写着“茶话”二字，客人可以在茶馆休息、聊天、喝茶、吃东西。据说，当时广东的“二厘馆”遍布大街小巷，曾有一首民谣唱道：“去二厘馆饮餐茶，茶银二厘不多花。

糕饼样样都抵食，最能顶肚冇花假。”清末开始出现了较高档次的“茶馆”，类似于如今广州仍存在的西关大屋；慢慢地，出现了三层楼高的茶居，称为“茶楼”。此后，茶楼的规模越来越大，早茶也越来越受欢迎，成了今天人们生活中的一部分。广府地区有一句老话：“三茶两饭一夜宵。”这里的“三茶”就是指早茶、下午茶和夜茶，广府人把饮茶称作“叹早茶”，是享受的意思。地道的广东早茶的内容有“一盅两件”的说法，“一盅”是指一杯茶，而“两件”是指两份点心，在吃早茶的同时搭配精致的点心，满足口腹之欲的同时，茶也能解腻消食。

茶馆内茶客众多

3. 广东早茶文化的饮茶礼仪

在广东，关于饮茶的礼节还有一段有趣的传说。传说这一风俗源自乾隆皇帝下江南，微服出巡。一次，扮作仆从的皇帝给扮作主子的随从斟茶，随从感恩戴德、惊恐万状，本应下跪叩拜，但又怕暴露了皇室身份，于是灵机一动，遂以两指微屈，轻扣桌面代之叩礼，于是传扬开来，并一直传袭至今。

其实现在的茶楼不仅是喝茶、吃饭的地方，也是谋生的重要场所。人们在茶楼里谈论着股票、楼市，交流着各种经济、商品信息。有人说，在生意场上，不进茶楼，是不会融入广东的商业界，这话可不是胡说，自有它的道理。昔日清闲、高雅的茶楼，变成商业谈判的地点，使得茶楼不再只是人们喝茶、聊天、打发时光的场所，而是广交朋友、赚取 财富的宝地。在广州的茶楼有一幅很有名气的对联：为名忙，为利忙，忙里偷闲，饮杯茶去；劳心苦，劳力苦，苦中作乐，拿壶酒来。说到了人的心里，真是妙极了。在茶楼里，当客人需要续水时，只要把壶盖翻开，服务员便会意而来。关于这一礼仪的由来，相传是过去有一富商到茶楼饮茶，叫堂倌给他加水，堂倌刚把壶盖打开，他“呵嗬”大叫一声，赖称壶中有只价值千金的画眉给堂倌放飞了，定要茶楼赔偿。老板无奈之下，从此规定，茶客凡要加水者，自己打开壶盖，以防有诈。时至今日，这习惯动作已成为茶客要加水的示意信号，无须召唤服务员了。

寻根 扫码观看前世今生

早茶作为广东地区的一个典型的非物质文化有着无可比拟的重要性。广东人喜欢饮茶，茶寮、茶座、茶室遍布于羊城的大街小巷。早在清代同治、光绪年间，茶室在卖茶的同时，供应肉包、米饼、米糕等果腹的简单点心，茶费一厘，被称为“一厘馆”。广东人早晨去茶楼喝茶是一种传统，无论是家人或朋友聚会，总爱去茶楼，泡上一壶茶，要上两件点心，美名“一盅两件”（一盅指茶，两件指点心）。

茶一般有普洱茶、铁观音和菊花茶；配茶的点心讲究精、美、新、巧，种类繁多，一般分干茶点和湿茶点两类，近几年还增加了西式糕点。虾饺、干蒸烧卖、叉烧包和蛋挞是常见的茶点。“蜜汁叉烧包”“金牌虾饺皇”列入被推荐的非物质文化遗产美食。

问道 拓展阅读学艺知技

“饮早茶”作为广东的一大民俗文化，如今已经融入人们的生活中，成为一种习惯。香气萦绕的茶水、精致美味的茶点和其乐融融的氛围，被大多数人当作享受生活的一种形式。有人说，这些茶点，离开了早茶，离开了这个氛围，味道就不一样了。那么，广东的早茶文化，喝的究竟是什么？

1. 茶水

早茶的茶水以红茶为主，因为红茶暖胃去腻，利于消化。常见有乌龙茶、铁观音、普洱茶、花茶、元堡茶等，有的人喜欢菊普茶，因为在普洱茶中加入菊花，可以清凉去火。红茶在视觉和味觉上都比不上绿茶，可它和广东早茶中那些味道浓郁的茶点恰是最好的搭配。

2. 茶点

广东早茶点心有干和湿之分。湿点以粥的花样为主，粥的花样很多，例如香米粥、紫米粥、皮蛋粥、虾米瘦肉粥、鱼生粥等，其中应该以状元及第粥和艇仔粥最为出名。干点以精致为佳，皮薄透明，看似玻璃纸裹着馅，比如饺子、云吞、水晶包，里面的馅紧抱成团，咬的时候可以感觉到其诱人的弹性和韧性；半透明的是素包子，隐隐约约的翠绿，看起来就像初春的江南田野，让人舍不得移目；包子还有叉烧包、莲蓉包、蟹黄包、生肉包等。

马蹄糕：马蹄（荸荠）在广式甜点里的出镜率很高，首屈一指的就是晶莹清爽的马蹄糕，不愧是中式布丁的当家花旦。

虾饺：始于20世纪20年代，是广州河南乡间一家小茶楼的老板所创制，其形如拇指头般小，呈半月弯形，透明的皮裹着鲜红的虾仁，可谓“红装素裹”，小巧玲珑，色、形、味俱全。

干蒸烧卖：在20世纪30年代，干蒸烧卖已风靡广东各地，近20年来，又传遍广西的大中城市，成为岭南茶楼、酒家茶市必备之品。

叉烧包：广东最具代表性的点心之一，是粤式早茶的“四大天王”（虾饺、干蒸烧卖、叉烧包、蛋挞）之一，因面皮内包入叉烧肉馅而得名。民间对叉烧包的“体型”有经典描述：“高身雀笼型，大肚收笃，爆口而仅微微露馅。”

蛋挞：挞为英文“tart”之音译，意指馅料外露的馅饼；蛋挞即以蛋浆为馅料的“tart”。外皮香酥，内里水嫩，吃进嘴里蛋液甜而不腻，几乎入口即化，连带着一股蛋奶的味道沁人心脾。

艇仔粥：艇仔指的是水上人家的小船，因他们在船上就地熬制并贩卖粥品得名。艇仔粥以新鲜的小虾、鱼片、葱花、蛋丝、海蜇、花生仁、浮皮、油条屑为原料，煮粥的手法也依照滚粥冲烫粥料的手法。

肠粉：广州茶楼、酒家早茶夜市的必备之品，同时也是很多市民早餐的必选之品。布拉肠粉是将米浆置于布上蒸成，又叫布拉蒸肠粉。

蒸排骨：传统广式早茶中的一款常见点心，排骨蒸得软，骨头与肉质一咬即可分离，排骨底层加上香芋一同蒸熟，吃起来清香美味。

糯米鸡：荷叶清香扑鼻，鲜味四溢，糯米润滑可口，鸡肉味道完全渗透到糯米之中，非常有粤式独特风味。

创新 实践活动异想天开

茶道烹饪技艺，尝试制作点心。问答题：广式点心最具代表、号称“四大天王”的是哪四样？“四大天王”你最爱哪个？原因是什么？

结语 传承非遗五育并举

通过了解广东早茶文化，品味点心的色香味形之美，了解老字号背后的商道、经营宗旨和饮食文化推广的影响力。

中国珠算——珠玑灵动，运筹千秋

周 园

发现 挖掘生活中的非遗

古时候的人类是如何计数的呢？

人类的计数方法经历了一个由直观到抽象的漫长过程。人们最早用数石子、贝壳、结绳等方法计数。随着数的产生，就出现了数的计算，为了计算方便，人们发明了各种各样的计算工具。

早在2000多年前的春秋时期，我国就出现了计算工具——算筹，古人不但用算筹记数，还用它计算，所以要随身携带。你知道古人要随身携带多少根算筹吗？大约二百七十几枚为一束，放在一个布袋里，系在腰部随身携带，很不方便，于是出现了珠算。

那么珠算在数字发展中有什么意义呢？它简化了表示数字的方式，加快了计算的速度，提高了工作效率。

在漫长的历史长河，珠算是古时候的人们计数的一种便捷方式。

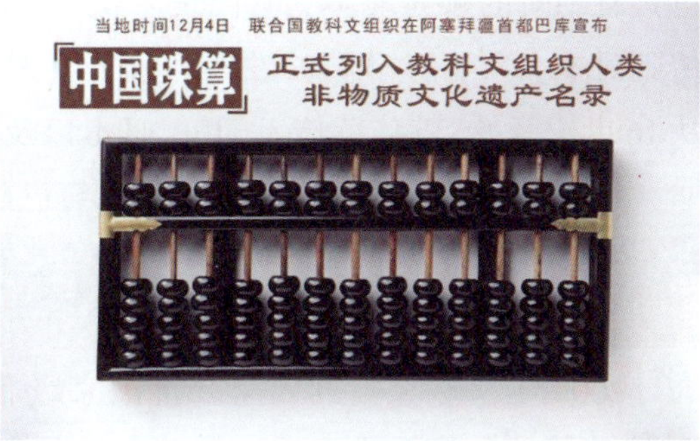

算盘

珠算，是中国人特有的有关数的知识和实践。在汉语中，“珠”表示一种近圆形的小型计数工具，用来代表算盘。“算”则是指中国古代的一种特别的数学理论。人们根据口诀，通过手指拨珠，便可以完成包括加、减、乘、除、乘方、开方以及求高次方程数值解等数学计算。它以蕴含超量数学信息的口诀与算盘相互配合，就能达到近代数学的难度水平。它以简便的计算工具和独特的数理内涵被誉为“世界上最古老的计算机”。

珠算由筹算演变而来，人们在筹算的基础上，改进发明出了更为先进的算盘。古代的珠算法，以手拨算珠进行运算。为了快速掌握各种算法，人们将手指动作编成了口诀，并不断探索着如何优化算法和动作，让计算变得更加快捷。

公元 190 年，东汉学者徐岳所著《数术记遗》中，就有关于珠算的文字记载，其中有云：“珠算，控带四时，经纬三才。”

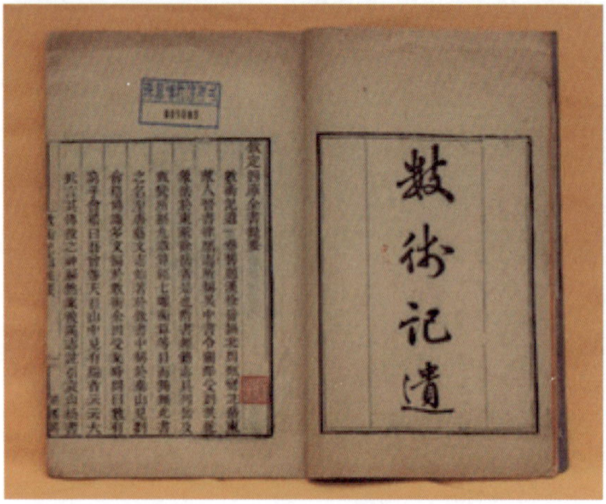

《数术记遗》

12 世纪，中国珠算体系已经相当完善。北宋画家张择端的《清明上河图》表现了当时开封城的清明盛世，老百姓安居乐业，商业繁荣。画面中，赵太丞家的药铺柜台上摆放着一把大算盘，这是算盘已经在商界广泛使用的最好证明。

当时珠算在中国的普及和发展达到了顶峰，在同时期的世界数学史上，也具有绝对的领先地位。明代时，数学家、珠算家程大位所著《算法统宗》传到日本，对日本珠算的发展产生了重大影响。据史籍记载，中国的珠算从16世纪开始，就陆续传入朝鲜、日本以及东南亚等地，近代又传入了美洲、非洲和大洋洲的一些国家。今天，珠算已经传遍世界各地。

寻根 扫码观看前世今生

2008 年，珠算被列入第二批国家级非物质文化遗产名录。联合国教科文组织认为，珠算通过传统的口述和自学等方式世代传承，成为中国传统文化的一个重要象征。

问道 拓展阅读学艺知技

1. 珠算简介

珠算是以算盘为工具进行数字计算的一种方法，珠算四则运算皆用一套口诀指导拨珠完成。

刘洪，字元卓，东汉泰山郡蒙阴县（今山东省临沂市蒙阴县）人，东汉鲁王刘兴后裔，是我国古代杰出的天文学家和数学家，珠算发明者和月球运动不均匀性理论发现者，被后世尊为“算圣”。

2. 珠算历史

中国珠算历史源远流长，其萌于商周，始于秦汉，成于唐宋，盛于元明。珠算是我国优秀的文化科学遗产，它是我国劳动人民的伟大创造，至今至少已有近 2000 年的历史。

长期以来，珠算对我国社会、经济、文化及科学的发展均发挥了重大作用，同时对世界上一些国家的经济、文化发展也有一定的影响。据史籍记载，中国的珠算从 16 世纪明代起，先后传入朝鲜、日本、泰国及东南亚其他地区，近代又传入美国、巴西、墨西哥、加拿大、印度、汤加、坦桑尼亚等国家和地区，对当地的科技发展和社会进步起到了积极的作用。2007 年 11 月，印度《印度时报》和英国《独立报》分别评选的“改变世界的 50 项发明”和“改变世界的 101 项发明”中，都把中国珠算评为第一发明。联合国教科文组织介绍说：“珠算是中国古代的重大发明，伴随中国人经历了 1800 多年的漫长岁月。”

3. 珠算现状

近年来，中国珠算神奇的表现一次次走进人们的视野。中央电视台的《挑战不可能》，江苏卫视的《最强大脑》，小选手们一次次精彩的表演令观众叹为观止。20 世纪后半叶，中国人把传统珠算再向前推进一步，以珠算为基础的珠心算，把算盘内化为人的脑映像，人们在大脑中就可以完成超级复杂的计算。儿童教育家还发现，珠心算训练显著地提高了儿童的注意力、记忆力、思维能力、创造能力和阅读速度等。

作为最有群众基础的国粹，中国珠算一直受到人们的喜爱，正如王丙乾先生所说的那样：“全国每天同珠算打交道的达数千万人。”于是，就出现了许多关于算盘的有趣故事，成为珠算历史和珠算文化的重要组成部分，值得记录，耐人寻味。

4. 传承故事

珠算回归，是对传统文化的深情传承

——从珠算申遗成功到珠心算纳入小学校本教材

光明日报记者　靳晓燕

伴随中国人经历了1800多年的岁月，算盘是简便的计算工具，有着独特的数理内涵，被誉为“世界上最古老的计算机”。“算珠上下翻飞，珠声疾如骤雨。”在中国古代，练得一手好字、打得一手好算盘曾是账房先生的看家本领。

小小算盘玄妙无穷，大大提高了运算速度和运算效率。它也是中外文化交流的一个载体，明朝时珠算传播到海外。在现代，日本、韩国、东南亚等国也都把珠算看作对少年儿童进行计算技能训练、开启智慧之门的途径之一。

“珠算是另一类知识体系。”经历过珠算申遗的王朝才，对联合国教科文组织的这一说法记忆深刻。在他看来，珠算文化包括算盘和一系列计算原理及计算方法，也包括由此产生的一些文化现象，如思维方式、价值观念等。

江苏南京，游人在馆藏217件（套）珍贵算盘的“算盘馆”拨动算盘

“从筹算到珠算，再到珠心算，这是珠算发展中的一个更高级的层次。了解珠算，可以吸引更多的人加入弘扬与保护珠算文化的行列中来。”王朝才认为。王朝才介绍，中国珠算心算协会申请了“珠心算教育开发儿童智力潜能的脑机制研究”的研究课题，并由浙江大学、中国科技大学组成的联合课题组开展研究。实验数据显示，珠心算对儿童的注意力、记忆力、

阅读能力和思维能力都有显著的正面作用。

“作为计算工具，珠算与现代计算机无法比拟，但它依然在现代教学中有着自己独特的意义，比如弘扬传统文化，提高文化自信。再比如，对儿童来说，珠算需要手脑协调。在某种程度上，算盘也可以是一件很好玩的玩具，引发孩子们的兴趣。”北京师范大学数学系教授曹一鸣这样认为。

曹一鸣说：“珠算重新回归到必修课，还不太现实，但通过校本课程、兴趣小组，在部分学生中开展是可行的，也是值得倡导的。”

珠算作为我国优秀传统文化，被列入联合国人类非物质文化遗产代表作名录，而珠心算正是最佳的传承载体。因此，珠心算再次进入幼儿课堂，被纳入小学的校本教材。

创新 实践活动异想天开

研究和运用算珠系统的科学技术，运用算盘进行加、减、乘、除等的计算方法，叫作珠算。

算盘对经济发展有很大的好处，计算更加快捷。算盘是我国古代重大科学成就之一，它具有结构简单、运算简易、携带方便等优点，因而被广泛采用，历久不衰。尽管各种电子计算机、电子计算器在市场上已经相当普及，但做加减法时，它们的计算速度仍赶不上珠算的熟练操作者手中的算盘。珠算在中国大显身手之后，又漂洋过海，流传到朝鲜、日本、东南亚和阿拉伯，对世界文明作出了重要的贡献。中国是算盘的故乡，在计算机已被普遍使用的今天，古老的算盘不仅没有被废弃，反而因它的灵便、准确等优点，在许多国家方兴未艾。因此，人们往往把算盘的发明与中国古代四大发明相提并论，认为算盘也是中华民族对人类的一大贡献。

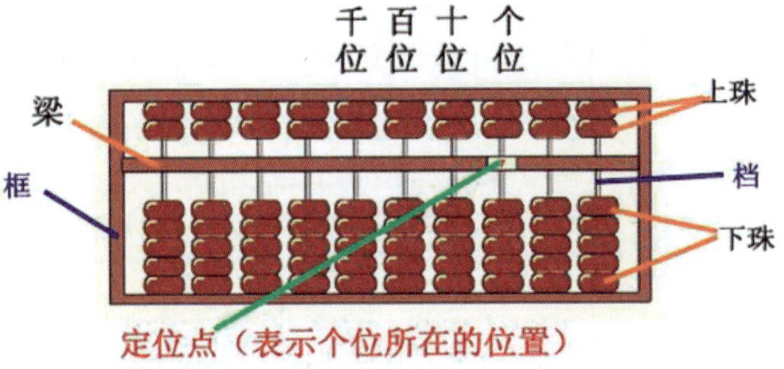

算盘的组成

算盘是由框、梁、

档和珠四部分组成，珠又分为上珠和下珠。算盘可以用来记数，也可以用来计算。常见的算盘是两颗算珠在横梁上，每颗代表“五”；五颗在横梁下，每颗代表“一”。

珠算是用手指进行拨珠运算的，手指拨珠的方法就叫指法。一般情况下使用菱珠小算盘，用拇指、食指拨珠，称“二指法”。

那么怎样用算盘计算呢？像人们平时的计算一样，珠算也是有口诀的。只有熟悉口诀，勤加练习，才能将算盘运用自如。

加法口诀表

一上一　一下五去四　一去九进一
二上二　二下五去三　二去八进一
三上三　三下五去二　三去七进一
四上四　四下五去一　四去六进一
五上五　五去五进一
六上六　六去四进一　六上一去五进一
七上七　七去三进一　七上二去五进一
八上八　八去二进一　八上三去五进一
九上九　九去一进一　九上四去五进一

减法口诀表

一去一　一上四去五　一退一还九
二去二　二上三去五　二退一还八
三去三　三上二去五　三退一还七
四去四　四上一去五　四退一还六
五去五　五退一还五
六去六　六退一还四　六退一还五去一
七去七　七退一还三　七退一还五去二
八去八　八退一还二　八退一还五去三
九去九　九退一还一　九退一还五去四

【练习活动】

活动一：六六大顺。在算盘上打上 666，紧接着再减去 666。这样反复练习，严格正确使用指法。也可化简为拨 6 退 6，反复练习。这样练习，不用脑子，可一边练习一边看书或看电视或聊天等，短时间内就可将速度提高到每秒钟拨五六遍。

活动二：小元宝。用 165 连加 31 次，得 5115，算盘上呈现元宝形状。然后再连减 165，减 31 次得 0。这样循环往复，能迅速提高拨珠速度和准确性。此法可二人或多人竞赛。单独练习时可记住时间，看几分钟打一遍，以激发练习兴趣。

活动三：变龙灯。16835 连加，每加 3 次，算盘上呈现一种龙灯姿态，变化多端。如果中途出错，就不能成为龙灯状态了，所以能及时发现拨珠对错。加 10 次得 168350，然后再减 10 次，中途仍然出现多种龙灯，最后得 0。

活动四：三清盘。将 123456789 拨入算盘，而后见几加几，连续加三次。在个位上加 9，得数 987654321。

活动五：加百子。从 1 加到 100，即 1+2+3+4+…100，得数：5050。百子还原：从 5050 中连减 1、2、3…100，得数：0。

自古以来，算盘都是用来算账的，因此也被赋予了很多象征意义，在某种程度上，它已经成为一种文化符号。比如，它被当作象征富贵的吉祥物，为人们所推崇。在民间，常会听到“金算盘”“铁算盘”之类的比喻，形容的也多是“算进不算出”的精明。除了与钱财相关的象征意义，算盘也常被用来象征出入平衡，分毫不差。在北京东岳庙的瞻岱门内两侧各挂着一副大算盘，左右批有“毫厘不爽，乘除分明”，以示赏善罚恶，公正严明。这些关于算盘计算功能之外的引申，把算盘深深地植入了中国历史文化之中。简简单单一副算盘，背后竟有这么多学问，能被列入世界人类非物质文化遗产代表作名录也就不奇怪了。

结语 传承非遗五育并举

珠算曾对中国经济的发展起到过至关重要的作用。回顾历史，珠算的重要发展时期，均是我国经济和社会高度繁荣的时期。新中国成立后，熟练运用珠算仍是会计从业人员的必备技能。算盘应用范围之广、使用时间之长，深刻地影响了中国人的日常生活和民俗习惯，这一点在民间谚语中表现得尤为明显。

例如有人私心重，只为自己考虑，就说“会打小九九”；“九九归一”，表示事情总有结局，有归根到底的意思；“二一添作五”，借指双方平分；“一推六二五”，形容把全部责任推得干干净净；“三下五除二”，形容办事敏捷迅速，干净利落。

还有大量的关于算盘的歇后语，例如：

算盘上珠——一个顶五；算盘珠子——任人拨打；算盘珠子——不拨不动；算盘珠子——拨一下动一下；没框的算盘珠——全散了；算盘珠子——在上为五，在下为一；算盘珠子响——有声有色。

除此以外，“盘算”“开盘”“收盘”“清盘”“如意算盘”，也来自珠算或珠算术语。

中国珠算重在口诀和指法，一是一，二是二，差之毫厘，谬以千里，不能马马虎虎，要认真严谨，这就是珠算精神。

【深远影响】

2002年世界珠算心算联合会在北京成立。目前，有来自美国、澳大利亚、汤加、文莱、加拿大、俄罗斯、日本、韩国等17个国家和地区的58个会员单位。2013年12月4日，联合国教科文组织通过决议，正式将“中国珠算”列入人类非物质文化遗产代表作名录。珠算是中国古代的重大发明，伴随中国人度过了1800多年的漫长岁月。它将廉价的制作材料、精巧的设计思想和深刻的数理内涵整合在一起，组合为一种气质非常独特的计算体系，被誉为“世界上最古老的计算机”。珠算，既是历代中国人对自然界和宇宙中有关数的传统知识与实践，也是古代中华文明的重要智慧结晶。珠算作为活形态的非物质文化遗产，正在让更多的人记住，中国人用珠算来计算大千世界，他们这种独特的思维方式与世界观不仅会永续流传，而且影响着整个世界。

周易文化——中华民族的历史瑰宝

朱春华

发现　挖掘生活中的非遗

1.《诸葛亮借东风》

诸葛亮真的有通天的本领能借来东风吗？说起来这可与《易经》大有关系。《易经》中有天文，其中十二卦对应一年中的十二个月，每个月的节气和气候都有相应的规律可循。诸葛亮借东风的时间为农历的十月，在卦上为坤卦，是纯阴卦，阴极则阳生，因此十月有一个小阳春的气候。诸葛亮正是根据《易经》，知道这个小阳春气候的前后三天，会转东南风。于是他算准了日子，装模作样借东风，最终兵借火攻，战胜了曹操。

2. 周易图画鉴赏

古时候由于生产力低下，科学不发达，人们对于自然现象、社会现象，以及人自身的生理现象不能作出科学的解释，因而产生了对神的崇拜，认为在事物的背后一定有一个至高无上的神，在支配着世间的一切。当人们屡遭天灾人祸时，就想着要借助神意来预知不可知的未来命运，以达到趋利避害的目的，其中最能体现神意的《周易》就这样应运而生了。

易经八卦剥卦

易经六十四卦目录

学生做的《周易》展板

学生做的《周易》黑板报

学生书写的《易经》名言

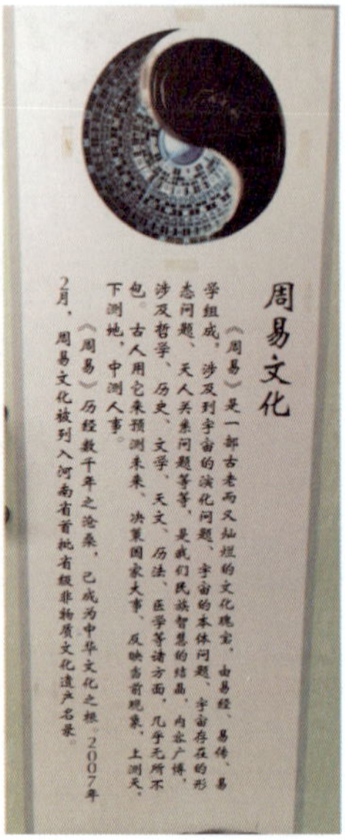

“一班一非遗”
周易文化门贴

寻根 扫码观看前世今生

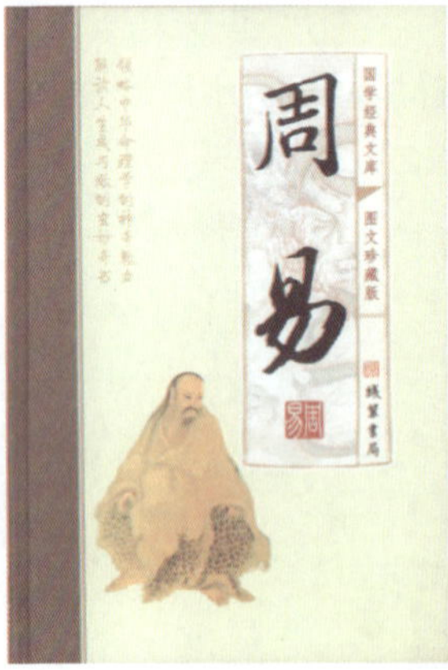

《周易》

1.《周易》起源

《周易》是一部古老而又灿烂的文化史册，堪称瑰宝。它由《易经》《易传》《易学》组成，涉及宇宙的演化问题、宇宙的本体问题、宇宙存在的形态问题、天人关系问题等，是中华民族智慧的结晶；内容广博，涉及哲学、历史、文学、天文、历法、医学等诸方面，几乎无所不包。古人常用它来预测未来，决策国家大事，反映当前现象，上测天，下测地，中测人事。

关于它的起源还有一个美丽的传说。

传说作为人文始祖的伏羲常常思考天道，比如：太阳为什么会东起西落？为什么月亮只有在晚上才出来？有一天在黄河边，伏羲又在冥思苦想的时候，突然看到水里出来一个奇怪的动物，龙首马身。“龙马”的身上还有一幅黑白点的图形，即“河图”。这幅黑白点的神秘图形，启发了伏羲，长久以来的困惑，终于得以峰回路转，柳暗花明。于是在“河图”的基础上，伏羲悟出了天地万物的变化规律唯一阴一阳而已，并据此画出了八种不同图案即八卦图，开创了辉煌灿烂的中华文明，奠定了《周易》这部旷世经典的理论基础。

伏羲悟出八卦图

现代学界研究后普遍认为，《周易》为周文王姬昌所作。

2.《周易》民间故事

《周易》在传承发展的过程中，有过许多民间传说和故事，耳熟能详的民间易经故事有《烧饼歌》《梅花易数》《推背图》《借东风》《东方朔起名》《孔子拜师》等。

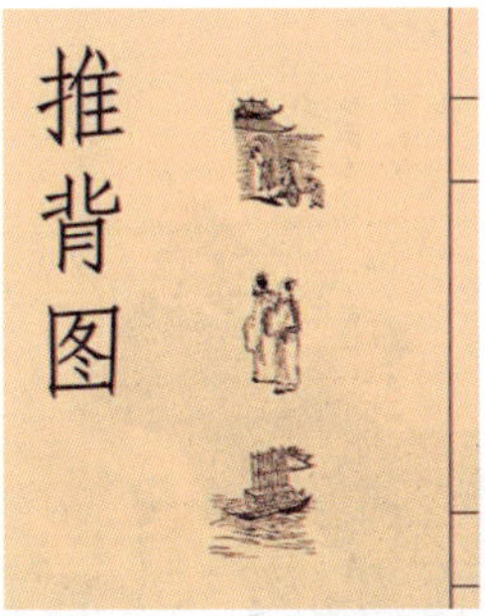

其中《推背图》是中国预言第一奇书，由两位著名的天相学家李淳风和袁天罡编撰而成。李淳风用周易八卦进行推算，推算到了唐朝以后中国2000多年的命运，直到袁天罡推他的背，说道：“天机不可再泄，还是回去休息吧。”因此这本预言奇书得名《推背图》。

《周易》是中华传统文化的杰出代表，亦是中华文明的源头活水，被誉为“大道之源”。2007年2月，周易文化被列入河南省首批省级非物质文化遗产名录。

问道 拓展阅读学艺知技

【非遗大学堂】

1. 周易八卦图

《易经》所说的卦，是宇宙间的现象，代指自然界的八种物质，即乾为天、坤为地、震为雷、巽为风、艮为山、兑为泽、坎为水、离为火。万事万物皆依这八个现象而变化，这就是八卦法则的起源。

八卦符号是我国古代《周易》系统中的一套具有象征意的符号，以阴爻和阳爻符号为基础。“— —”是八卦中阴爻的符号，代表物体安静不动；“———”是八卦中阳爻的符号，代表物体运动不止。为了记住这八卦的符号，古人总结了一个顺口溜：乾三连，坤六断。震仰盂，艮覆碗。离中虚，坎中满。兑上缺，巽下断。如下图：

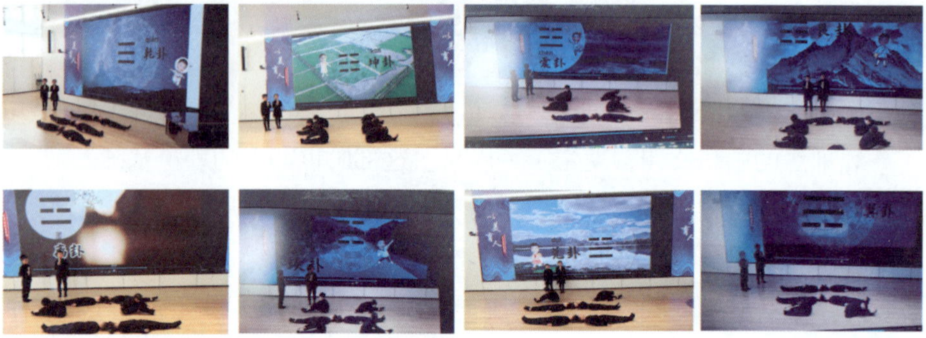

学生展示八卦符号

2. 周易传承故事

（1）孔子与《易经》

孔子画像

孔子整理《易经》，把《易经》从一本单纯的占卜书，提升为宣扬哲理的书，并使得这种哲理在人们的日常生活中得到实践。

据《周易乾坤凿度》记载，孔子在还不知道《易经》的情况下，一次偶然占卜，得了旅卦，去请教商瞿。商瞿解释说：“你有圣人的智慧，却没有圣人的地位。”孔子听后潸然泪下，叹息着说：“是啊！伏羲根据吉祥的龙马送来的‘河图’画出八卦，教育子民耕种蓄养；大禹因为吉祥的神龟送来《洛书》治理了洪水，获得人们的称赞。我什么都没有，这就是命啊！”此后他便放弃自己原先的理想，一心研读《易经》，并为《易经》的主要注释排序，后称为《十翼》。孔子研读《易经》，终其一生，为自己画了一个卦，就是他在《论语》中所说的：“吾十有五而志于学，三十而立，四十而不惑，五十而知天命，六十而耳顺，七十而从心所欲，不逾矩。”

综合成一句话就是“尽人事，听天命”。

（2）诸葛亮与《周易》

古代兵法的运用讲究天时、地利、人和，与风水学的天文、地理、命理有着异曲同工之妙。《三国演义》中讲述了很多诸如“草船借箭”“火烧赤壁”等有关诸葛亮如何运用风水原理大胜敌军的故事，足见其在天文、地理、奇门遁甲上造诣极深。相传诸葛亮在军中闲暇时，写下了《马前课》一书。这是本预测天下大事的书，从字面上理解，即出兵之前在马前占卜一课，起一卦。诸葛亮的《马前课》，比中国历史上出现的其他预言书更容易破译，因为它非常规则，每课预言一个历史朝代，并按着历史演变的顺序来描述。《马前课》共 14 课，前十课从当时的蜀汉开始，一直到中华民国的诞生，所述都非常准确，所以《马前课》在民间流传很广。

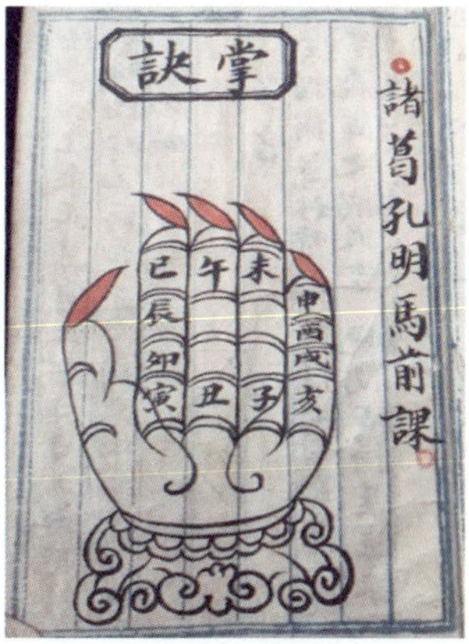

《马前课》

（3）苏东坡与《周易》

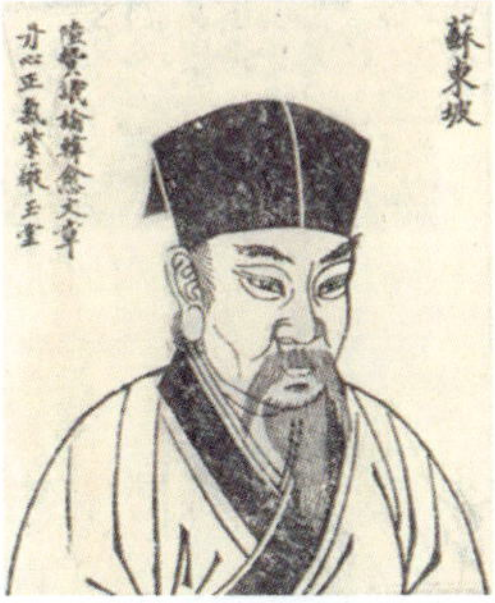

苏东坡画像

苏东坡是“唐宋八大家”之一。相传他年轻时初入京城，一位善《易经》术数的人曾经给他作人生预测，论定他以后会以文章显名，因为他眼神中有学者的气质。又说其头上有充军贬职的印迹，将来要遭流放边地之祸。后来苏东坡果然在文学上大放异彩，不仅诗词写得好，也喜欢研究《易经》。他的诗篇中处处可见易理思维，最引人入胜的如《水调歌头》中“人有悲欢离合，月有阴晴圆缺，此事古难全”等名句，将自然界月圆月缺与人生变化巧妙地结合起来，体现出《易经》中变的本义。

（4）毛泽东与《周易》

一代伟人毛泽东自幼便熟读经史，对于中国传统文化非常了解，特别是对《周易》，有着非同一般的造诣。新中国成立后，毛泽东多次在谈话中提到《周易》。他在 1956 年八届二中全会上批判党内一点论的倾向时说：中国古人论“一阴一阳之谓道”，不能只有阴没有阳，或者只有阳没有阴，

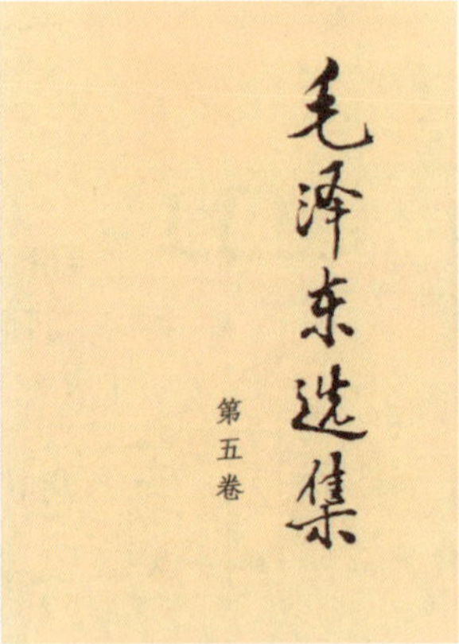

这是古代的两点论，形而上学是一点论……（见《毛泽东选集》第五卷 321 页）这个“一阴一阳谓之道”，就是从《周易》的核心观点里面来的。毛泽东讲政治生活中的实际情况用《周易》来点明问题，简明扼要，一下子抓住了问题的实质。后来引申出来的《矛盾论》《实践论》《论十大关系》等作品，都是毛泽东结合具体问题，创造性地发挥运用《周易》的结果，可见《周易》有着多么大的魅力。

3. 周易传承人物

《汉书·艺文志》：“《易》道深矣，人更三圣，世历三古。”伏羲画八卦为上古，周文王、周公父子作卦辞、爻辞为中古，孔子赞《十翼》为下古，即作《易传》，固有三古四圣创经典的说法。

伏羲

周文王

周公

孔子

（1）伏羲

伏羲氏相传是距今约 6500 年新石器时代的一支氏族，他们是中华民族的远祖。传说中的伏羲时代，结绳记事而作八索、八卦（经），这是《易经》起源。

（2）周文王、周公

“文王拘而演周易”，相传周文王被殷纣王拘禁时，将八卦重叠为六十四卦，每卦六爻，共 384 爻。后文王第四子周公重新编录卦爻辞，并引进结合周初史事，以传教成王，使之学习历算，同时不忘历史。

（3）孔子及其弟子

孔子及其弟子所作的《十翼》，含英咀华，字字珠玑，对《易》作了深刻的阐释。自此《易》由形式上的算卦书变为哲学书，由神道设教之书成为人文化成的伦理之书，进而形成了我们今天所看到和公认的《周易》。《周易》集中体现了中华民族先人们的智慧。西汉时期，《易经》被列为六经（易、诗、书、礼、乐、春秋）之首，在我国文化史上享有崇高的地位。

（4）唐明邦、刘大钧等

如今，周易历经数千年的沧桑，已经成为中华文化之根。《易经》里的思想也已经渗透到人们生活的方方面面，正如孔子所说的“日用而不知”。如某某变卦了，某人阴阳怪气，或者扭转乾坤、否极泰来等这些口语和成语，都是直接从《易经》里来的。周易文化在传承发展的过程中，百花齐放，流派纷呈，其中最具代表性的人物有唐明邦、刘大钧等。

唐明邦出生于1925年，自幼熟读四书五经，青少年时期即对易经文化感兴趣，是海内外知名的易学学者、专家，在当代易学行业中影响力颇大。1989年筹建中国周易学会，担任首任会长，主编的《周易纵横录》提出人文易、实用易与科学易等概念，是当代易学当之无愧的领军人物。

唐明邦

刘大钧

刘大钧，山东大学终身教授，中国周易学会会长，《周易研究》主编。多年从事易学研究，主要著作有《周易概论》《大易集成》等。刘教授继承易学并结合现代进行研究，著书立说，为弘扬国粹、发扬中华优秀传统文化奠定了理论基础和舆论基础。同时他还致力于推动易学走向世界，走向未来，被国内外研究易术的人奉为龙头老大。

4. 周易文化现状

现在的易学研究，在沿袭传统易学的基础上，尝试着拓展新的研究思路与方法，成果颇丰。近十数年“周易热”的经久未衰，成为新时期所出现的弘扬民族文化的一种学术景观。长期从事周易研究的复旦大学王振复教授把当代中国易学研究及其成果，分为彼此相联系的六个方面：

王振复

（1）传统易

即沿着中国易学史上易学研究的传统思路与方法，对《周易》通行本进行卦爻符号与文辞的全面笺注与解读，是传统“象数易”与“义理易”的承续与发展。

（2）历史易

即从历史角度治易。它包括两大内容：一是认为《周易》卦爻符号及经、传文辞所记述或影射的是历史、史事。二是对中国易学史的研究，包括易学哲学通史、断代易学史以及古代易学家著论研究等。

（3）考古易

即从考古角度进入对《周易》的研究。这方面以帛书《周易》与所谓“数图形卦”的研究为代表，是当代中国易学研究之治易较为严谨的一个领域，也是多年来的一个热门话题。

（4）预测易

《周易》原本即占筮之书，占筮即所谓周易预测，是其原始功能之一。

（5）科学易

即试图从自然科学角度看待与研究《周易》，探讨《周易》所蕴涵的朴素的自然科学思想因子与数理、生化、天文等科学的内在联系。

（6）文化易

即对《周易》进行文化人类学意义上的研究，是近年比较新起的治易学术观与方法论。关于“文化易”研究，是建立在《周易》是中华先秦“十分重要的文化学巨著”“也是古代诸多文化智慧的综合体”这一认识基础上的。

在这六种易文化研究趋势中，“文化易”在一定程度上表现为对其以前五大治易课题的综合。

创新 实践活动异想天开

【技法实操】

1. 初识象、数、理

象和数是《易经》的基础，所有变化皆由它们应运而生。“象”是指一个卦所呈现在你面前的图像，图像的背后往往蕴含着自然世界某种基本的客观规律和道理，人们通过观其象，可以领悟人生处事应当遵循的基本原则和方法。最基本的象就是“太极”。《易经》有云：“易有太极，是生两仪，两仪生四象，四象生八卦。”

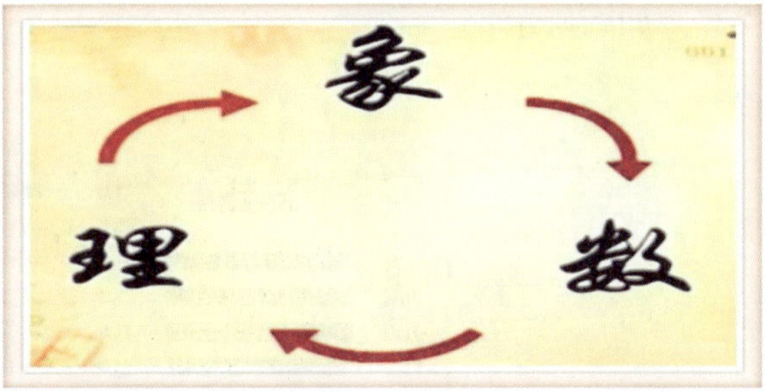

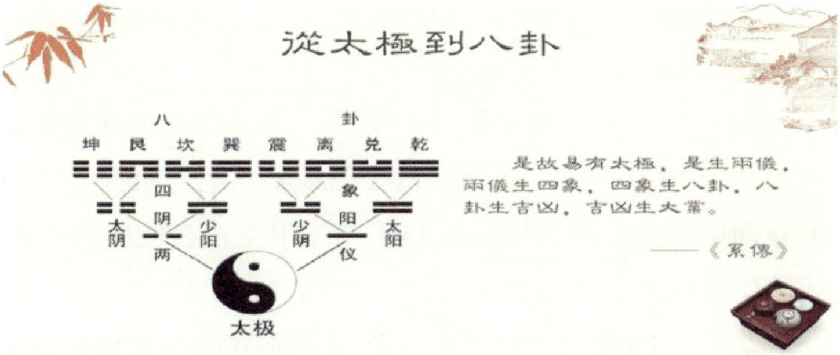

“数”是指对于各种自然现象之间的关系，通过数学进行的描述。事物在空间必有大小、刚柔之分，在时间必有长短、缓急之等差，在数量必有多少、众寡之计算，这些都要靠易数来计量，所以“数”不仅仅是数字的计数，还指盈虚消长、祸福吉凶之数。

“理”是由“象”和“数”推演、总结、升华而形成的关于自然、社会、人事变化的原理。通过对理的认知，能够达到推断往事、预测未来、指导人们趋吉避凶的目的。

举个例子说，你看到一幅图画，看完后，发现了里面色彩的变化以及某种对应的规则，于是你写了一篇观画后感，表明了你的理解和思考。在《易经》中，这幅画就是你看到的“象”；你在画里面看到的色彩变化以及某种对应的规则就是“数”；你写的观画后感，就是你经过思考后推断出来的“理”。所以有人说把《易经》研究透了，把理、象、数弄明白了，就可以知道事物变化的方向，万事就通达了。

2. 走进易经

《易经》由本文的“经”和解说的“传”构成，最早是古人占卜用的。“经”由64个象征符号的卦组成，每卦的内容包括卦画、卦名、卦辞、爻题、爻辞。如图所示：

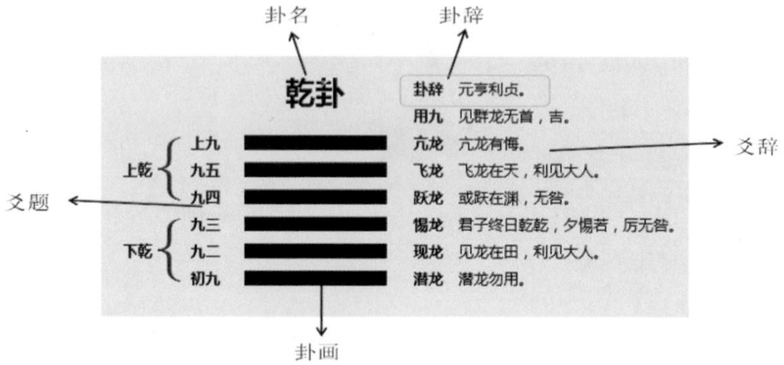

卦画（卦的符号）的基本单位为“爻”，每一卦从最底层数起，总共有六爻。六爻以不同的奇画、偶画配搭，形成八八六十四种不同的组合。奇画、偶画分别指阳爻（—）与阴爻（– –）。阳爻是一根连线，表示光明。阴爻，光线从中间断开，表示黑暗。

卦名，顾名思义即前面卦画之名，是对卦爻辞的高度概括和卦符的精当命名，体现特定的义理和思维方式。如“坤”“乾”“既济”等。

卦辞，在卦名后，是对六爻的综合总结，易经全卦的断语，共有 64 条。如“元亨利贞”“同人于野”“利君子贞”等。内容主要有：自然现象变化、历史人物事件、人事行为得失、吉凶断语。一般先举出暗示意义的形象，或举出用于譬喻的事例，然后写出吉凶的断语。

爻题，即爻位名称，表示某一爻在六爻中的具体位置及奇偶画性质。六爻卦位自下而上数起，如果是阳爻就是用九来开头，阴爻用六开头，第一个就把九或者六放后面，所以，如果全为阳就是初九、九二、九三……全部为阴就是初六、六二、六三……

爻辞，即说明爻义的文辞。同一卦六条爻辞间相对独立、相对静止但又相互关联、相互作用，表示不同时间、阶段事物的发展状态，以构成完整的发展、发生过程。如“九二，见龙在田，利见大人。”九二属于阳爻居于阴位，二为地之上，表示龙已经崭露头角，才华受到注意了，这时遇到贵人提携，可以获得进一步的磨炼和栽培。

3. 感悟周易的人生智慧

在中国文化史上，《周易》被尊为“群经之首”“六艺之源”。几千年来，大到治国安邦，小到家务琐事，人们都习惯于到《周易》中去希求慰藉，找寻答案。

（1）易经中的成语

在汉语中，有200多个成语源出《周易》的卦辞、爻辞。这些成语是对易经智慧的高度提炼与概括，蕴藏着极其丰富的精神内涵。

自强不息：意思是自己努力向上，永远不懈怠。语出《周易·乾》："天行健，君子以自强不息。"天的运动刚强劲健，君子处世，应像天一样刚毅坚强，永不停息。

厚德载物：形容品德高尚，像大地一样容纳百川。语出《周易·坤》："君子以厚德载物。"大地的气势厚实和顺，君子应增厚美德，容载万物。

见仁见智：指对同一事物，因各人观察的角度不同，看法不一致，就叫仁者见仁，智者见智，简作见仁见智。《周易·系辞上》说一阴一阳就叫作"道"，但"仁者见之谓之仁，知者见之谓之知"，即仁者看见"道"，就说道有仁，智者看见"道"，就说道有智。

触类旁通：掌握了某一事物的知识或规律，就能推知同类的其他事物。语出《周易·系辞上》："引而伸之，触类而长之，天下之能事毕矣。"《系辞》以为，朝着六十四卦引申推广，碰到类似的事物，而发挥其象征意义，天下之事无不能明。

像这样的成语还有很多，如殊途同归、满腹经纶、匪夷所思、三阳开泰、出神入化等，从这些成语里，我们能领略到先人们古老而深沉的人生智慧。

（2）易经中的名言警句

孔子说读懂了《周易》，人生就不会犯大错误；药王孙思邈提出"不知易，不足以言大医"；马云说自己的成功得益于比常人更早读《周易》……可以说《周易》饱含人生哲理，读懂了它就读懂了人生。

穷则变，变则通，通则久。意思是说事物发展到极点就会发生变化，发生变化就会畅通无阻顺利发展，事物顺利发展就会持久。人们不能总是束缚在一种状态中，当自身觉得到达一个瓶颈的时候，就要寻找其他的路子，学会变通，这样就有可能会变得更好。

不妄取，不妄予，不妄想，不妄求，与人方便，随遇而安。意思是说人活在这个世上，不要妄想不属于自己的，不要太奢求自己没有的。和别人相处的时候能帮助别人就帮助别人，在任何情况下都能顺应环境做好自己。

谦谦君子，用涉大川。谦恭而又谦虚的人，有能力跨越千山万水，战胜艰难险阻。这里主要突出的是“谦谦君子”，谦虚也是我们中华民族的传统美德之一。因为谦虚的人总是虚心向别人求教，所以他可以学到许多他人之长，让自己更优秀。

君子以见善则迁，有过则改。见了善行就追随，有了过错要改正。就是说我们要多和品质高尚的人一起交往，多向他们靠拢，看到别人行善，自己也要行善，多做好事；而有了过错之后就要及时改正。

这些藏在《周易》字里行间的处世智慧，值得我们慢慢品茗，细细体会。

结语 传承非遗五育并举

【明理导行】

周为周到圆满之意，易是变化之意。《周易》讲究阴阳互应、刚柔相济，提倡自强不息、厚德载物。它告诉我们万事万物都是不断变化的，要用变化的眼光看待自然。在五千年文明史上，咱们中华民族之所以能够历经劫难而不倒，多逢衰败皆能重整旗鼓并不断地发展壮大，与对易道精神的时代把握息息相关。

【非遗传承小天使】

《周易》是中国传统思想文化中自然哲学与人文实践的理论根源，是古代汉民族思想、智慧的结晶，内容博大精深，对中国几千年来的政治、经济、文化等各个领域都产生了极其深刻的影响。随着非遗深入人们的生活，灿烂辉煌的周易文化必将更加璀璨夺目。

学校学生在班级非遗小剧场表演简易太极

学校学生在美育馆演绎周易八卦

中医针灸——神奇的东方医术

史华杰

发现 挖掘生活中的非遗

【针灸小故事】

针灸是中国具有悠久历史的一种治疗疾病的手段，是中国特有的神技。在针灸千百年的发展过程中，涌现出了许多家喻户晓的故事。

从前，有个病人的一个大腿十分疼痛，疼起来时，经常疼得他坐卧不安，连腰都不能弯。后来他听说孙思邈医术高明，就赶忙跑来求救。刚开始孙思邈给他连开了几服药都没有效果，后来还是决定给他施针灸看看。可是，连扎好几个穴位，病人仍然喊疼痛。这时孙思邈感到非常奇怪，还没碰到过针灸止不住疼痛的，心想难道人的身上 365 个穴位之外，还有没被发现的穴位吗？接着，孙先生又扎了几个地方，病人都是龇牙咧嘴。“这儿痛不痛？”他又按掐了许多部位，病人总是摇头。孙先生头上也冒出汗来，但他有耐心，继续寻找穴位。“啊……是，就是这儿！”忽然，病人大喊起来。“好现象！”孙思邈心里喜悦起来，他就循着病人说痛的地方扎了一针，病人很快就不痛了。从这时起，孙思邈就依病人说的“啊……是”，把这个穴位定名为“阿是穴”。

经过孙思邈的继续研究和推广，“阿是穴”解决了现实中一些疼痛方面的疑难杂症。至此，中医医生们也就了解到，“阿是穴”就是根据病人疼痛部位来确定穴位，多用于推拿按摩治疗。

一根小小的针只要找对穴道就能治好多病，这就是我国非常著名的非遗文化——中医针灸。

其实中医针灸在我们生活中的应用随处可见，它为我们的生活健康提供了非常重要的保障。

寻根 扫码观看前世今生

针灸发源于中国，是中医重要的组成部分，也是中国优秀传统文化的代表之一。千百年来，对守护健康、繁衍民族有过卓越的贡献。直到今天，针灸仍承担着这一任务，为广大群众所信赖。

问道 拓展阅读学艺知技

1. 针灸的简介

针灸是古代先民在长期与疾病斗争的实践中形成的传统医疗技艺，其包括针法和灸法。针灸理论认为，人体作为一个小宇宙通过经络联系在一起，刺激这些经络可以促进人体的自我调节功能，以恢复健康。这种刺激包括在经络穴位上针刺或燃烧艾绒（艾）的方法，以达到恢复机体平衡，预防和治疗疾病的目的。针刺，是根据人体的不同状态选择适宜的针具刺激特定的穴位；灸法通常分为直接灸与间接灸两种，用艾炷接触穴位灸灼，或用艾条并与体表保持一定距离热熏穴位。

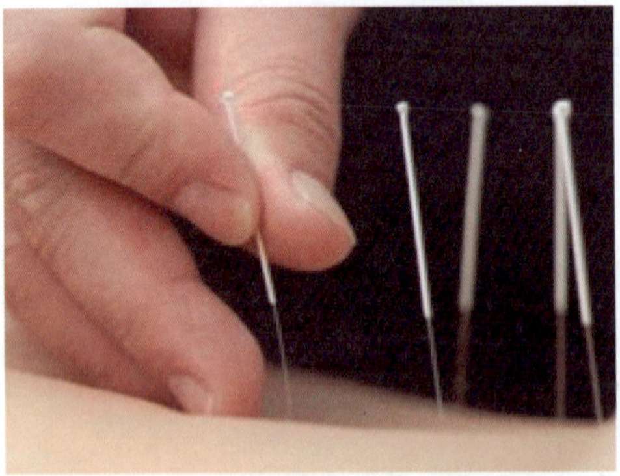

针刺

灸法

2. 针灸的发展

我国针灸历史悠久。针的起源可以追溯到远古时代，那时人们穴居生活，生存环境恶劣，人们喜欢用石块叩击身体某部减轻疼痛，创用以砭石为工具的医疗方法。《说文解字》中说：“砭，以石刺病也。”

灸的起源可以追溯到 50 万年以前。那时候原始人燧人氏从各种树枝燧木取火，身体的病痛受到烘烤而感到舒适。“北方者，天地所闭藏，其地高陵居，风寒冰冽，其民野处而乳食，脏寒生满病，其治宜灸芮，故灸芮者，亦从北方来。”

春秋战国时期《黄帝内经》中的《灵枢》是现存最早的针灸专著。书中早早有了针灸的记录，并有关于“火针”“大针”“燔针”的描述，书中将“火针”疗法称为“粹刺”法，主要治疗痹症、筋骨痛、骨关节痛。

《黄帝内经》

西晋时期皇甫谧撰写的《针灸甲乙经》更是史上第一部针灸专著，《针灸甲乙经》全面论述脏腑经络学说，发展并确定了349个穴位。

《千金要方》

隋唐时期特别是唐代，针灸已成为一门专科，针灸教育当时也占重要地位，唐代名医孙思邈著《千金要方》，绘制五色“明堂三人图”创阿是穴和指寸法。

继唐以后，宋、辽、金、元有更完备的针灸教育机构。北宋王惟一撰《铜人腧穴针灸图经》，考证354个穴位并铸造两座针灸铜人，是最早的针灸模型。

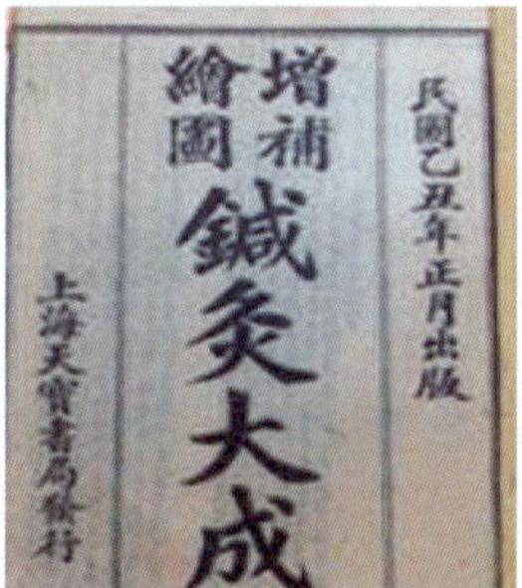

《针灸大成》

明代针灸学术发展到高潮，杨继洲《针灸大成》考证359个穴位，是继《黄帝内经》《针灸甲乙经》后对针灸学的又一次总结，被后人称为针灸学的百科全书。

清代针灸走向衰落，道光皇帝以“针刺火灸，究非奉君所宜”。

新中国成立以来对针灸非常重视，成立了针灸研究所，针灸学列入中医院校必修课，对针灸治病疗效进行系统观察，结合现代生理、解剖、组织学、生化、免疫、分子生物学，以及声、光、电、磁等边缘学科对经络、针刺镇痛、穴位特异性、刺灸法调整功能研究。

针灸文化在形成、应用和发展的过程中，具有鲜明的中华民族文化与地域特征，是基于中国民族文化和科学传统产生的宝贵遗产。2010年，中医针灸被联合国教科文组织列入人类非物质文化遗产代表作名录。

3. 针灸的原理

根据中国古代的医学理论，生命动力（气）通过全身的脉络流动，发生所有的生理和心理过程。身体里的相对动力，叫作阴和阳，一定要平衡才能使气的流动正常。经脉被认为存在于身体的深部组织器官中，表面有360个针刺点，又叫穴位。某些经脉被认为属于器官如脾、肝，穴位沿着那样的经脉，甚至在手脚上，可以影响相关的内在器官。这些点可以平衡和储存流动的气。气指一种在经脉中运动的看不见的能量或者电磁能。针灸可以调整气的运行，通过经脉管理身体的各个系统，如神经、免疫、循环系统、肌肉等。如果把气运行的通道比作城市的供热系统，那么，气就是在供热管道中运行的暖气，它在周而复始地循环流动。 气在体内有多种形式，气的运动可以产生能量，可用于消化食物、运动四肢、思考记忆、发声视物等，它是我们活着并发挥正常生理功能的基础。如果由于环境、情绪等的变化，影响到了气的功能，进而影响血、津液的正常输入或脏腑功能，结果会产生疼痛，不适或者疾病。针灸可以影响气在管道和器官中的运动，从而调节气、血、津液、神经、免疫、脏腑功能等。近年来通过多学科的通力协作，对针灸治病原理、经络实质、针刺手法等进行深入的研究，证实针灸对机体各系统功能具有调整作用，能增强机体的抗病能力。针灸镇痛原理已深入到神经细胞、电生理学和神经递质如脑腓肽等分子水平。

西方科学家在研究针灸镇痛的实验中，认为针灸可以激发身体的自然止痛物质释放，从而缓解疼痛。针灸止痛的效果有一个迟缓发作效应，它们缓慢增加，甚至当取针后，才会感到它的止痛效果。治疗几次后效果会更明显。这种效果在停止针灸治疗一段时间后会消失。此外，针灸还有抗炎、止痛、解痉、抗休克和抗麻痹的作用。

4. 十二经脉简介

中医针灸中最重要的是找对穴位，而人体穴位主要分布在全身的脉络中，因此经络对于每个人的健康非常重要。其中，十二经脉（经络理论）是经络系统的主体，具有表里经脉相合，与相应脏腑络属的主要特征。其包括手三阴经（手太阴肺经、手厥阴心包经、手少阴心经）、手三阳经（手阳明大肠经、手少阳三焦经、手太阳小肠经）、足三阳经（足阳明胃经、足少阳胆经、足太阳膀胱经）、足三阴经（足太阴脾经、足厥阴肝经、足少阴肾经）。十二经脉通过手足阴阳表里经的连接而逐经相传，构成了一个周而复始、如环无端的传注系统。气血通过经脉即可内至脏腑，外达肌表，营运全身。其流注次序是：从手太阴肺经开始，依次传至手阳明大肠经、足阳明胃经、足太阴脾经、手少阴心经、手太阳小肠经、足太阳膀胱经、足少阴肾经、手厥阴心包经、手少阳三焦经、足少阳胆经、足厥阴肝经，再回到手太阴肺经。其走向和交接规律是：手三阴经从胸走手，在手指末端交手三阳经；手三阳经从手走头，在头面部交足三阳经；足三阳经从头走足，在足趾末端交足三阴经；足三阴经从足走腹，在胸腹腔交手三阴经。

创新 实践活动异想天开

【技法实操】

穴位就像人体的医药箱，很多身体上的疾病和病痛，吃药不一定管事，但只要按摩一些神奇的穴位，立马立竿见影。

1. 太阳穴

太阳穴位于耳郭前面，前额两侧，外眼角延长线的上方，是人体一个非常重要的穴位。轻轻按摩太阳穴可以给大脑以良性刺激，能够解除疲劳、振奋精神、止痛醒脑，并且能继续保持注意力的集中。

2. 印堂穴

印堂穴位于人体额部，在两眉头的中间。据中医介绍，时常搓揉印堂穴可以有效治疗鼻炎，而且也可以使人少伤风感冒。

3. 攒竹穴

攒竹穴位于面部，眉毛内侧边缘凹陷处。其实在眼保健操中，其中有一节就是指压按摩此穴，能起到缓解眼睛疲劳的作用。攒竹穴还有一个神奇作用，可以一分钟抑制打嗝。打嗝时找到穴位后只需按住攒竹穴大概 1 分钟，打嗝一般会停止，效果确切。

4. 合谷穴

合谷穴又称虎口穴，位于手背，在第 1、2 掌骨间，第 2 掌骨桡侧的中点处。根据经络理论以及实践证明，只要按摩合谷穴，凡是头面上的病，像头痛、发热、口干、流鼻血、脖子肿、咽喉病以及其他五官疾病都可以得到缓解和治疗。

5. 阳池穴

阳池穴位于手背手腕上，即腕背横纹上，前对中指、无名指指缝。《针灸甲乙经》中记载：“肩痛不能自举，汗不出，颈痛，阳池主之。”按摩阳池穴可以畅通血液循环，温和身体，还能有效治疗头痛、手腕疼痛、鼠标手、口干。

结语 传承非遗五育并举

【明理导行】

中医针灸承载着中国古代医者的辛勤劳动，更承载着中华民族传统文化。针灸文化以其神秘的治疗效果和绿色的治疗理念，靠自身经络调节达到身体康复的功能，符合当今人类“崇尚自然”和对“生态有机”文化的追求。文化是维系物质世界的纽带，是社会存续的血脉、民族精神的灵魂，中医针灸是国粹、国宝，它从非物质文化遗产保护中受到文化视角的关照和保护，在一些外交活动中成为桥梁和纽带。

“中医治未病与经络养生”知识讲座

中医药文化——弘扬传承国粹精神

祝 新

发现 挖掘生活中的非遗

中药在中国古籍中通称“本草”。我国最早的一部中药学专著是汉代的《神农本草经》，唐代由政府颁布的《新修本草》是世界上最早的药典。明代李时珍的《本草纲目》，总结了16世纪以前的药物经验，对后世药物学的发展做出了重大贡献。

日常生活中有些常见的中药，我们若能认识并善于使用，可以更好地进行自我保健或解决生活中的小问题。

名称：翼首草

来源：川续断科植物匙叶翼首草的干燥全草。

功效与作用：解毒除瘟，清热止痢，祛风通痹。属清热药下分类的清热解毒药。

临床应用：煎汤内服，用量1—3克。用于治疗外感发热、热病烦躁、泄泻痢疾、负湿热痹。

名称：乌药

来源：樟科植物乌药的块根。

功效与作用：顺气、开郁、散寒、止痛。属理气药。

临床应用：用量3—9克；磨汁或入丸、散。用于治疗气逆胸腹胀痛、宿食不消、反胃吐食、寒疝、脚气、小便频数等。

名称：红景天

来源：景天科植物，大花红景天的干燥根和根茎。

功效与作用：益气活血，通脉平喘，清肺止咳。属补虚药下属分类的补气药。

临床应用：用量 1.5—5 克，内服煎汤，用于气虚血瘀、胸痹心痛、中风偏瘫、倦怠气喘。

名称：龙涎香

来源：抹香鲸科动物抹香鲸的肠内病理分泌物。

功效与作用：行气活血，止咳化痰，消积利水。属理气药。

临床应用：用量 0.3—1 克，研末服。用于治疗咳嗽、胸闷、心腹疼痛、神昏等症。

常用排毒中草药

川芎

决明子

绿豆

葛花

大黄

丹参

枳椇子

山楂

芦荟

寻根 扫码观看前世今生

中药文化有着数千年的悠久历史，其底蕴十分丰富。然而，无论是中国人还是外国人，对其丰富的文化内涵缺乏全面深刻的理解。

神农尝百草，是一种勇于探索的行为。《神农本草经》是起步于先秦、成书于东汉、融汇几代医药学家的辛劳与智慧的第一部中药学巨著，作者们宁肯隐去自己的姓名，而冠以“神农”之名，除了受托古之风的影响，也是对神农氏——中华民族药物学圣祖的一种纪念。

药中哲理

“阴阳”本是中国古代哲学中的一个概念，它概括了天下万物相对的两种不同属性，大至宇宙天地，小至草木鱼虫的矛盾与对立、共性与个性，尽在其中。

《神农本草经》说：“药有阴阳配合，子母兄弟。”后世医药学家多用“阴阳”来阐释药理。金代医学家李杲在《东垣十书·汤液本草》的“药类法象”一章，通过阴阳既阐释了药之特性，又阐明了药之功效，具有高度的概括性和规律性。

金代医家张从正论补，颇具哲理，别树一帜。他提出了与《素问》不同的“五补”即“辛补肝，咸补心，甘补肾，酸补脾，苦补肺”的观点。以“辛”为例，辛味原本入肺，属金；肝属木，金能克木，所以用“辛补肝”。张从正治病强调以祛邪为主，认为邪去正自安，偏重攻法，他所谓“补”，实际上已含有“攻治”的意味，后世称他为“攻下派”。

他在《补论》中，更是高论迭出：是热证，就用芒硝大黄一类的寒药，为了“损阳而补阴”；是寒证，就用干姜附子一类的热药，为了“损阴而补阳”。其中的哲理和文化底蕴，需要我们细细品味，方解药文化之三昧。

问道 拓展阅读学艺知技

【非遗大学堂】

1. 广东中华老字号——陈李济

作为“中华老字号”的陈李济，是中国最早建立的制药企业之一，所谓“北有同仁堂，东有胡庆余堂，南有陈李济”，陈李济是清末全国三大中药品牌之一。

陈李济中药文化的核心即“诚信为本，同心济世”的文化传统。陈李济是由陈姓商人和李姓医生共同出资创立的，陈李各取一字，以示永远合作，同心济世。本着“工艺虽繁必不减其工，品味虽多必不减其物”的宗旨，陈李济制药务求精工，选料必须上乘。几百年来陈李济定下规矩，凡是路过门市者，一旦晕倒或受伤，必施药相救。

陈李济商标

陈李济成功地将蜂蜡与木蜡混合，制成既不软也不硬的蜡壳，用来包裹药丸，带来了医药制剂领域的巨大革新。在初做蜡丸的时候，陈李济还创立了独特的陈皮储藏方法。如今年代久远，再加上受西医西药的冲击，陈李济中药文化的传承受到影响。

陈李济新时期的“济世”精神，与时俱进、共建和谐，陈李济后人给予“济世”以新的内涵：他们持之以恒地开展送医送药、慰问、讲座等公益活动。在西藏最偏远的墨脱，可以见到他们的赠药，在贫困山区、在街头闹市，都可以见到他们义诊的身影……

陈李济药厂被国家命名为“中华老字号”，“陈李济文化”被列入国家非物质文化遗产名录，金字招牌的陈李济，将创造更辉煌的品牌价值。

2. 广东中华老字号——潘高寿

潘高寿商标

1890 年，潘百世、潘应世兄弟在广州开设药铺“长春洞”。之后，潘百世的四子潘郁生根据岭南独特的气候特征，将具有润肺镇咳作用的川贝母和有祛痰作用的桔梗与枇杷叶一起熬炼，于 1928 年制成了止咳化痰的新药，定名为“潘高寿川贝枇杷露”。

作为“中华老字号”的潘高寿，首创了独特的川贝枇杷露制作工艺，突出体现了立足传统、大胆革新的岭南医药文化特征。对高品质原材料的把关以及严格的制作工艺流程，造就了潘高寿在止咳药行业里一枝独秀的局面，使之成为中国本土止咳药最突出的代表。

同时，潘高寿又集中体现了岭南商业文化的特征，是目前所知岭南地区最早的维护知识产权的百年老店。目前，由于西医西药的冲击以及历史上的火灾，潘高寿中药文化的发扬光大受到了影响。

由于潘高寿川贝枇杷露的畅销，不少药铺也纷纷仿制。当时，诚济堂在香港的各大报纸上卖川贝枇杷露广告，潘郁生十分气愤，于是在报纸上撰文嘲笑诚济堂其川贝枇杷露是冒牌货。诚济堂的人见到文章后，到法院告潘郁生，但是因为诚济堂的川贝枇杷露在香港政府中有注册，因此法院判潘郁生以影射他人冒牌而败诉。

潘郁生为扩大宣传，还以父亲潘百世和自己的画像为商标，印成精致的包装盒，使人容易辨认。于是，潘郁生在川贝枇杷露的包装盒上印上“劝人莫冒潘高寿，留些善果子孙收”。

创新 实践活动异想天开

1. 中药熬制和服用的方法

（1）煎药容器以砂锅、搪瓷器皿、不锈钢为宜，严禁用铁器。

（2）中药入煎前应先用冷水浸泡 20 分钟左右。煎药用水量一般以浸过药面 1—3 厘米。大剂量和松泡易吸水的药物可适当增加用水量。

（3）煎药时间应根据药性而定，一般药为 30 分钟。解表药、清热药、芳香类药物不宜久煎，沸后煎 15—20 分钟。滋补药先用武火煮沸后，改用文火慢煎 40—60 分钟。煎药时要搅拌药料 2—3 次。每剂中药一般煎两次，第二次煎的时间可略短。

（4）煎药量：儿童每剂 50—100 毫升。成人每剂 150—200 毫升。

（5）特殊药物的煎煮方法：

①“先煎药”：煮沸 10—15 分钟，再加入其他药同煎。

②“后下药”：在一般药即将煎至预定量时，投入同煎 5 分钟即可。

③“溶化药”：应在其他药煎至预定服药量时，取药汁，微火煎煮，不断搅拌溶解即可。

④“冲服药”：将冲服药调入煎好的药汁或开水中冲服。

（6）中药的服法：

① 每天一剂，每剂煎二次，早、晚各服一次，一般在饭后服为宜。

② 丸药一般每天服两次，服时最好将药烊开服用，便于吸收增强疗效。

③ 未煎药须妥善保管，防止受潮、变质。

2. 中药服用的时间

古人说："用药如用兵，任医如任将。"打仗用兵法上的战略和战术，而治病用药也是如此，不但要熟知药性，更要切中病机，有的放矢，才能达到治病的目的。若说用药如用兵，就必须要了解它们的比拟中的联系：药有性属类别，兵有种类装备；药有轻用重用，兵有辅攻主攻；药有缓急攻补，兵有虚实强弱；药有配伍精良，兵有出奇制胜……

在日常生活中，很多人都会喝中药来调理身体，尤其是中老年人。中药的种类多样，具有很好的功效与作用，可以起到很好的药用效果。但是对于中药常识，人们还存在诸多疑问。

（1）中药是饭前吃好还是饭后吃好？

答：中药什么时候吃要根据药物的性质和治疗部位决定。

中药饭前吃还是饭后吃是根据药物的性质和治疗部位决定的。比如补益药和胃药，一般建议饭前吃，而活血破瘀药或者攻下的药物，治疗关节疼痛的、对胃有刺激的药物，一般建议饭后服用。

（2）吃中药的最佳时间是什么时间？

答：① 睡前

一般来说在睡前服用安神药和治遗尿症药物是最佳的时间，中医认为睡前服药能使药效及时发挥作用。

② 饭前

中医认为饭前服药易使药力得到发挥，从部位上看，它比较适宜于治疗人体下部的疾病。东晋时期著名医药学家葛洪说："未食内虚，令毒势易行"。多用于实证疾病，特别是积滞、瘀血、水湿等病证。

③ 顿服

顿服一般适宜于病情比较急的患者，也就是煎好后立即服下，称为顿服，取急病急治之意。目前，一般的高热性疾病、传染性疾病、小儿急症等亦采用顿服法。

④ 饭后

适用于人体上部的疾病。中医传统认为：上部的疾病，如耳、目、口、鼻、五官等疾病都宜采取先食后服药方法，能使药性留于上。我国第一部药物学专著《神农本草经》说："病在胸膈以上者宜先食后服药。"偏于滋补一类的药物，也宜饭后服。如葛洪说：“服治病之药以食前服之，服养身之药以食后服之。”

⑤ 昼夜服

一些急、慢性病可昼夜服药，才能让药效持续发挥治疗作用。对于慢性疾病患者来说，大多会认为这种服药方法比较麻烦，不易做到，但是急、重证就必须这样做。正如丹波元坚在《药治通义》中所说：“世人服药，多只日间服之，往往夜间不服，致药力不相接续，药不胜病，而冬日夜永，尤非所宜。”

3. 进补要辨证，如何分气血阴阳？

答：（1）气虚者补气；血虚者补血

（2）阴虚者补阴；阳虚者补阳

（3）气血两虚者气血双补

（4）阴阳两虚者阴阳双补

① 气虚症的症状与宜食的中药、食物

少气乏力、语言低微、呼吸微弱、食欲不振、食后腹胀、腹泻或便溏、脱肛、易出汗、怕风寒、易感冒、脉虚或无力等症状。

补气药多温性，阴虚火旺者不宜用。

补气药物有：人参、党参、太子参、黄芪、山药、刺五加、白术、莲子、白扁豆、大枣、甘草等。

补气食物有：牛肉、鸡肉、乳鸽肉、鹌鹑、海参、腐竹及猪、牛、羊肚等。

② 阳虚症的症状与宜食的中药、食物

除气虚的表现外，还有畏寒肢冷、尿清便溏、白带清稀、阳痿早泄等。

常用补阳药有：附子、鹿茸、海马、海狗肾、鹿鞭、狗鞭、蛤蚧、巴戟、肉桂、冬虫夏草、九香虫、杜仲、续断、狗脊、骨碎补、补骨脂、肉苁蓉、锁阳、淫羊藿、菟丝子、枸杞子、韭菜籽等。

常用补阳食品有：麻雀肉、狗肉、羊肉、虾，以及动物的肾、骨髓、蹄筋等。

③ 血虚症的症状与宜食的中药、食物

面色苍白或萎黄，唇色淡白，头晕眼花，心悸失眠，手足发麻，妇女行经量少、延期甚至经闭等症状。

一般选用阿胶制剂膏、当归制剂、鸡血藤片、何首乌、归脾丸等。

常用补血药有：当归、熟地、阿胶、何首乌、鸡血藤、白芍、胎盘等。

常用补血食品：动物血、肝脏、脊骨和黑芝麻、黑木耳、发菜、红糖等。

④ 阴虚症的症状与宜食的中药、食物

除有血虚的症状外，还有午后潮热、手足心热、颧红盗汗、男子遗精、女子经量少等症状。

常用补阴药有：西洋参、天门冬、麦门冬、北沙参、玉竹、石斛、女贞子、旱莲草、百合、生地、黄精、枸杞、龟甲、鳖甲等。

常用补阴食品有：豆腐、鳖肉、龟肉、兔肉、猪肺、猪蹄、蜂蜜、白木耳等。

4. 常用食物的性味

常用温热类食物：羊肉、牛肉、鸡肉、狗肉、鸽肉、羊乳、牛乳、黄鱼、红枣、桂圆、荔枝、金橘、韭菜、芫荽、生姜、大蒜、花椒、葱、胡椒等。

常用寒凉类食物：鸭肉、蜂蜜、海藻、海带、绿豆、冬瓜、西瓜、丝瓜、黄瓜、莴苣、竹笋、黑木耳、香蕉、柿子、梨、豆腐等。

常用平性类食品：猪肉、猪肝、鸡蛋、白木耳、红小豆、豌豆、萝卜、莲子、藕、山药、薏米、菠菜、大白菜、豆角、鲫鱼等。

5. 简易养生方法

发常梳、目常运、鼻常揉、齿常叩、津常咽、耳常鼓、面常洗（搓）、头常摇、手常搓、腰常扭、肢常伸、足常摩、转颈、耸肩、摩腹（脐）、提肛、足常行、吐纳等。

结语 传承非遗五育并举

【明理导行】

所谓中医药养生就是在中医药理论指导下，研究人类生命规律、衰老机制以及养生原则和养生方法，以自我调摄为主要手段，以推迟衰老、延年益寿为目的的保健方法。

中国的中药文化以它独特的哲学思维、系统的基础理论、丰富的科学内涵和鲜明的人文色彩屹立于世界医学之林。它既是中国传统文化的活化形态之一，又是传统文化的巨大发展空间。

口技——优秀的民间表演技艺

池那尔·卡林别克

发现 挖掘生活中的非遗

1. 引入

刚才一位表演者用自己独特的口技技艺，模仿了大自然中各种各样动物的声音。口技是优秀的民间表演技艺，是杂技的一种。

口技演员太厉害了！同一个人可以发出不同的声音。

现在让我们一起走进口技的世界。

2. 口技起源

口技是优秀的民间表演技艺，是杂技的一种。起源上古时期，人们用于狩猎时模仿动物的声音来骗取猎物获得食物。口技起源甚早。可以一直追溯至上古时代，人们为了狩猎，经常必须要模仿鸟兽的叫声来欺骗并引诱它们，或以恐吓的吼叫声驱赶围猎野兽，以利捕之。至于那时的“寻声问路”，就是用不同的吼叫声在山涧森林里寻找、区分同伴，它也是人类最早的语言，但这只是口技的前身，还不是真正意义上的口技。

可以说口技起源自大自然，大部分口技声音临摹了大自然，大自然是口技技艺的源头。源于战国，至今已有2300多年的历史，但那时的口技还未用于演出。齐国孟尝君田文因此才能享誉六国而遭嫉妒，秦昭襄王准备杀害他。他让门客学狗叫，盗得狐面裘，贿赂宠妃，取得“通行证”；又让门客学鸡叫，使守关官吏打开城门，因而逃脱。

宋代口技已成为相当成熟的表演艺术，俗称“隔壁戏”。口技表演者用口、齿、唇、舌、喉、鼻等发声器官模仿大自然各种声音，这种技艺，清代属“百戏”之一种。口技作为表演艺术不晚于宋代。宋人《杂记》中说在京城的游艺场里，有“学乡谈”和“百鸟鸣”，可能都是口技。宋元戏剧中的“犬吠”“鸡叫”之类的舞台效果，大多是表演口技的人在后台完成的。

3. 作品欣赏

（1）展示口技大师作品影音资料。

（2）欣赏 1963 年吉林省曲艺团在天津演出，相声《叫鸭子》中的口技运用。

寻根 扫码观看前世今生

口技这种表演艺术，如飞禽走兽、风雨雷电等，使听的人身临其境。经典作品有《口技》中的“明湖居听书”、《老残游记》中的“王小玉表演”。

问道 拓展阅读学艺知技

1. 口技历史故事

孔子的七十二贤当中，有个懂鸟语的人，他是个打柴郎，复姓公冶，名长。公冶长家里只剩下母子二人，家境十分贫寒。但是他从小就很聪明机灵，经常跟随母亲到山上砍柴。有一天，母亲病重不能上山砍柴，家中也无米下锅，小小年纪的公冶长心里很难过，于是他背着母亲，悄悄地拿起砍刀和绳子独自跑上山去了。

公冶长独自一人来到山上，很孤单害怕，不由得大哭起来。随着哭声越来越大，惊动了山上的小鸟，小鸟都从远处飞了过来，落到公冶长的身边好奇地盯着他。这时有一只羽毛乌黑的鸟说：“你在哭什么？”公冶长就回应说：“你是什么鸟，怎么也会说人话？”那鸟儿喊道：“我叫八哥，生来就会说话。你叫什么名字，为什么在这里哭泣？”小公冶长就把自己的名字和母亲生病以及自己独自到山上打柴害怕的事情告诉了八哥。八哥和其他鸟听了后，都很可怜公冶长，然后齐声说道：“我们一起给你做伴，帮你捡柴。”

从此以后，小公冶长每天都到山上打柴，经常和这群鸟儿玩，常常学着鸟叫声，时间长了，小公冶长不知不觉竟学会了鸟语，听懂了鸟音。

几年后，小公冶长长大成人，他依旧每天上山砍柴，和这些鸟儿一块玩耍、学习鸟语。一天，他突然听到乌鸦说：“公冶长，南山顶上有只獐，你吃肉来我吃肠。”公冶长听后就跑到了南山，果然看到有只死獐。他把死獐拖回家里剥了，把獐肉煮熟吃了，但是他忘记了乌鸦说的话，就把獐肠子埋了。乌鸦非常生气，认为公冶长不够朋友，就想报复他。时隔不久，这天公冶长正在山上打柴，突然乌鸦又说：“公冶长，北山有只死绵羊，你吃肉我吃肠。”公冶长听到后，又往北山跑去。在很远的地方，他发现一堆人围着看什么，他以为是一只死绵羊，但又恐被别人拖去，就大喊：“你们别动，是我打死的，是我打死的！”当他走近一看，躺在那里的不是死绵羊，而是一个死人。当时他手上还提了把刀，围观的人们把他捆了起来，送到县衙。

到了县衙大堂，县官问他为什么要打死人。公冶长说：“这个人不是我打死的，我也不知道是谁打死的。”于是他将事情的经过从头至尾向县官讲了一遍，县官听了，心里暗暗想道：“人怎么能会鸟语？”他怕公冶长撒谎，就叫差役背着公冶长，逮了一只小燕子装在一个笼子里，提到大堂上。这时飞来一只老燕子，在外面乱叫。县官就问公冶长：“外边燕子说什么？”公冶长说：“禀告大人，外边的燕子在说：‘我一没有得罪你，二没碍着你，为什么把我的孩子关在笼子里？’”这时，县官才真正相信公冶长懂得鸟语，确定他没有杀人，就把他放了。

我们熟悉的口技传承人有牛玉亮与牛玉明兄弟。1982 年春节前，牛玉亮与弟牛玉明应邀为祝贺柬埔寨西哈努克亲王生日表演口技。牛玉亮说：“今年是中国农历狗年，为各位模仿几种狗的不同叫声。”当他俩模仿到两只狗打架时，西哈努克亲王的夫人莫尼克公主抱来的小白狗和他姑母抱来的小白狗，听了此声也紧跟着互相打起架来，打得很凶。这时，全场轰动了，响起了热烈的掌声。西哈努克亲王也站起来鼓掌，全场观众都站起来热烈鼓掌。演出结束后，西哈努克亲王走向前握着他们哥俩的手亲切地说："太精彩了！谢谢！"同时作陪的国家主席李先念也拉着他们哥俩的手说："祝贺你们演出成功！"

2. 林嗣环《口技》

京中有善口技者。会宾客大宴，于厅事之东北角，施八尺屏障，口技人坐屏障中，一桌、一椅、一扇、一抚尺而已。众宾团坐。少顷，但闻屏障中抚尺一下，满堂寂然，无敢哗者。

遥遥闻深巷中犬吠，既而儿醒，大啼。夫令妇抚儿乳，儿含乳啼，妇拍而呜之。夫起溺，妇亦抱儿起溺，床上又一大儿醒，絮絮不止。当是时，妇手拍儿声，口中呜声，儿含乳啼声，大儿初醒声，床声，夫叱大儿声，溺瓶中声，溺桶中声，一齐凑发，众妙毕备。满座宾客无不伸颈，侧目，微笑，嘿叹，以为妙绝也。

既而夫上床寝，妇又呼大儿溺，毕，都上床寝。小儿亦渐欲睡。夫鼾声起，妇拍儿亦渐拍渐止。微闻有鼠作作索索，盆器倾侧，妇梦中咳嗽之声。宾客意少舒，稍稍正坐。

忽一人大呼："火起！"夫起大呼，妇亦起大呼。两儿齐哭。俄而百千人大呼，百千儿哭，百千狗吠。中间力拉崩倒之声，火爆声，呼呼风声，百千齐作；又夹百千求救声，曳屋许许声，抢夺声，泼水声。凡所应有，无所不有。虽人有百手，手有百指，不能指其一端；人有百口，口有百舌，不能名其一处也。于是宾客无不变色离席，奋袖出臂，两股战战，几欲先走。

而忽然抚尺一下，群响毕绝。撤屏视之，一人、一桌、一椅、一扇、一抚尺如故。

3. 民间口技现状

口技看起来很难，实际上没有很高的技术门槛，主要依赖长时间的重复性练习。老一辈相声演员的口技出神入化，长时间勤学苦练。到了现当今社会，口技表演的生存状态出现了新变化。随着社会的发展、人们思想的进步，从最初仅限于来自传统相声的传承学叫卖、学吆喝等，现在能看到有很多新形式。

2011 年 5 月 23 日，口技经国务院批准被列入第三批国家级非物质文化遗产名录。

4. 传承故事

宋代口技已成为相当成熟的表演艺术，俗称“隔壁戏”。口技表演者用口、齿、唇、舌、喉、鼻等发声器官模仿大自然各种声音，如飞禽猛兽、风雨雷电等，能使听的人达到身临其境之感。这种技艺，清代属“百戏”之一种。口技作为表演艺术不晚于宋代。宋人《杂记》中说在京城的游艺场里，有“学乡谈”和“百鸟鸣”，可能都是口技。宋元戏剧中的“犬吠”“鸡叫”之类的舞台效果，大多是表演口技的人在后台完成的。

唐朝时期就有了专门培养口技人才的社会组织，叫“学像声社”。在《东京梦华录》和《武林旧事》中都有关于学像声社的描述。

南宋孝宗年间的杭州就已经有了口技演出团体，口技以一种艺术表演形式开始在社会上流传。

5. 传承人物

民国时期的尹士林，艺名“开口笑”，他继承传统，大胆改革，将口技“隔壁戏”的表演形式进行改革，使口技艺人从八尺屏障幕后走向舞台；他让口技配合肢体语言和面部表情，成为声情并茂的口技表演艺术，赋予口技新的生命。

近现代传承人：孙泰、周志成、牛玉亮、牛玉明、方浩然，近现代传承人在探索研究中继承传统，结合现代科技进一步发展民间口技。

“开口笑”尹士林

创新 实践活动异想天开

【技法实操】

口技艺术重点在于“技”，这门技艺贯穿着传统文化的多个方面。

对于近现代口技传承人方浩然而言，传承这门古老的技艺，不是简单学学了事，还需要做些“新鲜”的事情。口技从上古时期发展至今，每个

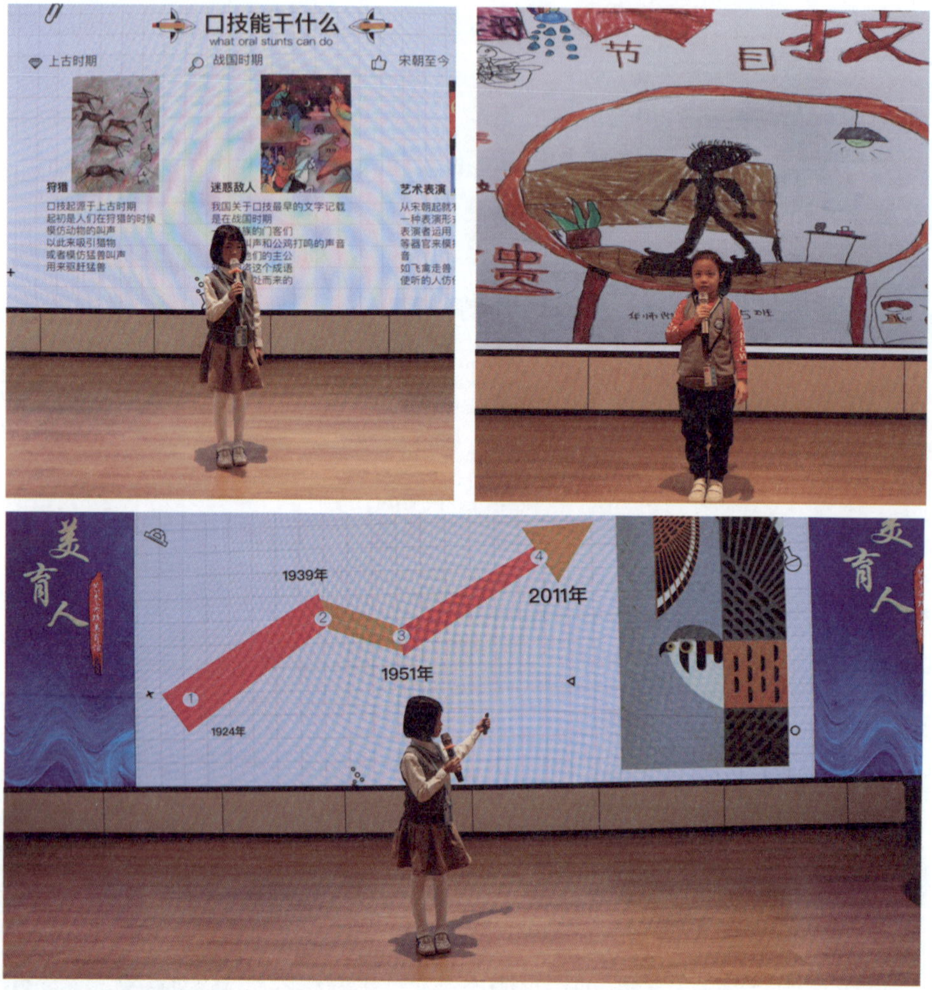

学生介绍口技

时代的传承人都在赋予口技新的含义。

我们了解了口技的历史与发展，我们了解的传承人大师他们并不是一夜之间就成了大师，在这背后有多年的苦心修炼，他们这种传承非遗的决心值得我们每一个人去学习。

口技刚开始是模仿动物的叫声，大自然的风声、雨声、打雷声等。到近现代，口技传承人不仅可以模仿生活中敲门的声音，还可以展现出电影场景中特效的声音。

结语 传承非遗五育并举

【明理导行】

用口技来记录新时代的声音，发出它独特的声音。口技经过几千年的发展，衍生出各种各样不同的形式，在不断发展的过程中，口技也得到了更好的传承与发展。

刘鹗在《老残游记》之“明湖居听书”章节中写道：“唱了十数句之后，渐渐的越唱越高，忽然拔了一个尖儿，像一线钢丝抛入天际，不禁暗暗叫绝。”

《老残游记》之“明湖居听书”原文：

王小玉便启朱唇，发皓齿，唱了几句书儿。声音初不甚大，只觉入耳有说不出来的妙境：五脏六腑里，像熨斗熨过，无一处不伏贴；三万六千个毛孔，像吃了人参果，无一个毛孔不畅快。唱了十数句之后，渐渐的越唱越高，忽然拔了一个尖儿，像一线钢丝抛入天际，不禁暗暗叫绝。那知他于那极高的地方，尚能回环转折。几啭之后，又高一层，接连有三四叠，节节高起。恍如由傲来峰西面攀登泰山的景象：初看傲来峰削壁千仞，以为上与天通；及至翻到傲来峰顶，才见扇子崖更在傲来峰上；及至翻到扇子崖，又见南天门更在扇子崖上：愈翻愈险，愈险愈奇。那王小玉唱到极高的三四叠后，陡然一落，又极力骋其千回百折的精神，如一条飞蛇在黄山三十六峰半中腰里盘旋穿插。顷刻之间，周匝数遍。从此以后，愈唱愈低，愈低愈细，那声音渐渐的就听不见了。满园子的人都屏气凝神，不敢少动。约有两三分钟之久，仿佛有一点声音从地底下发出。这一出之后，忽又扬起，像放那东洋烟火，一个弹子上天，随化作千百道五色火光，纵横散乱。这一声飞起，即有无限声音俱来并发。那弹弦子的亦全用轮指，忽大忽小，同他那声音相和相合，有如花坞春晓，好鸟乱鸣。耳朵忙不过来，不晓得听那一声的为是。正在撩乱之际，忽听霍然一声，人弦俱寂。这时台下叫好之声，轰然雷动。

作者写白妞的唱用“像一线钢丝抛入天际”写其声之悠远，用“傲来峰”“扇子崖”“南天门”写其高腔之无穷，用“飞蛇在黄山三十六峰半中腰里盘旋穿插”写其音调之婉转，用“弹子上天”写其音色之灿烂，用“花坞春晓”写其声音之妩媚。更兼作者调动通感手法，以听者“像吃了人参果，三万六千个毛孔，无一个毛孔不畅快”写白妞说书的妙处。怎见得王小玉高于黑妞之处呢？听书人的一句评论道出了其高妙之处：用“三日绕梁”形容尤觉不足，用“三月”方能曲尽表现白妞说书之魅力无穷。

民间口技在中国历史悠久，广为流传。而真正学习口技也具有一些挑战性，所以传承下来的人也越来越少。

应充分了解传统文化，认识文化的意义，自觉地学习传承口技，善于利用积极的部分。通过今天这节课的体验，我们不难发现，其实传统文化离我们的生活并不遥远，在现实生活的脉搏里，时刻都能感受到传统文化给我们带来的影响。

【非遗传承小天使】

传承历史文脉，既要让非遗留下来，也要让非遗“活起来”。非遗作为传统文化的重要载体之一，蕴含着历史信息和文化基因，承载着人们的认同感和自豪感，是历史不可替代的见证与象征。

中华传统文化上下五千年，经过了时间的考验，在社会快速发展的今天，我们更应该努力传承口技，让更多人领略到民间口技的独特魅力。

学生制作的口技主题展板

中国象棋——闲敲棋子落灯花

邝蔚祺

发现 挖掘生活中的非遗

下象棋就像是两军作战，双方都要充分调动自己的兵力杀死对方的最高首领，一旦对方的将或帅被击败，对方就全军覆没，我方就获胜了。

象棋的棋子

象棋小故事

（1）周恩来重庆战棋王

以“棋坛总司令”享誉海内外的谢侠逊先生，是一个爱国志士。为打败日本侵略者，他先后到南洋各地以及香港、成都、重庆等市，以棋友会进行义赛募捐抗日。当时在重庆的周恩来对谢老的爱国行动十分赞赏，在重庆期间曾与其对弈。红方借先行之利着着攻杀。终于妙手回春，握手言和。

（2）周恩来和蒋介石对弈记

周恩来在少年时代就喜欢下象棋。在他的故乡江苏淮安，他常和周塾馆的老塾师胡老先生对弈，善于思考的周恩来经常走出“妙着”，使这位“启蒙大师”束手无策。抗日战争初期，在延安举行过一次军民联合象棋比赛。

结果是董必武获冠军，周恩来获亚军。1945 年 9 月。周恩来随毛泽东到重庆与国民党进行和平谈判。谈判中，他机敏的话语、犀利的言辞驳得蒋介石张口结舌，无言以对。为了挽回面子，一天会间休息时，蒋介石自恃棋艺精湛，邀请周恩来对弈。

周恩来风趣地说：“好嘛！桌上两党和谈。桌下楚汉相争。挺有意思嘛！”开局，蒋介石急于求胜，使出拿手的“大炮攻势”，当头炮、沉底炮频频进攻，一时颇见威胁。周恩来沉着应战，车卒并进，很快化险为夷。进入中局，蒋介石丢马损炮进攻受挫，只得转入被动防御。此时，周恩来稳步推进，很快兵临城下了。

蒋介石不得不舍车保帅，兑子求和，但还是未能挽回败局。终局之后，周恩来一语双关地对蒋介石说：“蒋先生的‘大炮攻势’很见功力，只是太轻视了我的过河卒子，以致铸成败局。”蒋介石尴尬地说：“周先生棋高一筹，棋高一等。”忙站起身走了。

寻根 扫码观看前世今生

中国象棋在中国有着悠久的历史，最早出现于战国时期，在古代被作为士大夫们的修身才艺。2006 年 5 月 20 日，象棋被列为第一批国家级非物质文化遗产名录。

问道 拓展阅读学艺知技

【非遗大学堂】

1. 中国象棋简介

中国象棋属于二人对抗性游戏的一种，用具简单，趣味性强。它模拟古代战争、直线战争、陆地战争、平面战争，使用方形格状棋盘及红黑二色圆形棋子进行对弈。双方交替行棋，先把对方的将（帅）“将死”的一方获胜。在古代，象棋被列为士大夫们的修身之艺。中国象棋于 2008 年入选第二批国家级非物质文化遗产名录。现在，象棋被视为怡神益智的活动，它对提高智慧、陶冶性情、调养身心、交流文化等都起着积极作用。

2. 中国象棋历史

中国象棋起源于中国。象棋一词最早出现于战国时期。春秋战国乃至秦汉时期的中国，国家战乱纷扬，烽火狼烟四起，象棋就在这种背景下应运而生。关于象棋的起源有多种说法，其中比较可信的是：起源于楚汉相争时期。象棋的棋盘中间写着“楚河汉界”，因此许多人都认为这种说法比较可信。也有传说说是韩信发明的。

3. 中国象棋经典著作

《梅花谱》是中国象棋古谱，成书于清康熙年间，著者王再越，为中国象棋史上影响最大的两大全局名谱之一，与《橘中秘》并列称为“橘梅”。《梅花谱》以研究后手屏风马闻名，是一部划时代的象棋瑰宝。全书共六卷，分前、后两集，每集分上、中、下三卷，分门别类，对屏风马破当头炮（八局）、当头炮破过宫炮（五局）、当头炮破转角马（三局）、顺炮直车破横车（五局）、顺炮横车破直车（五局）、列手炮（五炮）等六种全局做了专题研究，其中尤以上卷所载屏风马破当头炮八局为全书精髓，着法细致、深刻、精巧，如行云流水，华美奔放。在源自《橘中秘》的“起炮在中宫，比诸局较雄”的当头炮时代，它提出了柔能克刚，屏风马必破当头炮的新论点，具有里程碑式的意义。虽然观点有片面主观之嫌，但其创立的屏风马对当头炮布局体系，确实开创了马炮争雄的新局面，对后世影响深远。许多精彩着法，争奇斗巧之处，极变幻之能事，为后学典范。而今中炮对屏风马仍旧是最主流的象棋布局。

4. 中国象棋典故与俗语

马后炮，是象棋术语，比喻事后才采取措施，但已无济于事。马后炮是象棋里的一着，“马”后面加一颗“炮”，将对方的“军”。马后炮一出，对方就死棋了。但是，这个俗语在现实生活中是一个贬义词，马后炮指对方已经跳了马，己方才当头炮，比喻事后采取措施，无济于事，或者事情已经发生，才说自己有先见之明，说自己早料到事情的结果会是这样，指人们主观认识和行动落后于客观实际的某些情况。

弃卒保车，原本是象棋中的专业术语，字面上的意思是舍弃“卒”来保住“车”，比喻牺牲重要的东西来保住更重要的东西，牺牲较小的利益来换取更大的好处。

5. 中国象棋大师

许银川

许银川，1975年8月出生，广东惠来人。许银川是一位出自潮汕地区的中国象棋特级国际大师，五岁便开始学棋，师从全国著名象棋教练章汉强，现任广东省象棋队运动员。1986年，11岁少年许银川获广东省运会象棋赛少年冠军，进入广东省队。1988年获全国少年赛冠军。1988、1989、1991、1993年全国象棋团体冠军广东队主力队员之一。1989年起参加全国团体比赛。1990年、1991年、1992年、1993年、1994分别年获全国象棋赛第九名、第三名、第八名、冠军、第四名。1992年为中国队夺得第七届“亚洲杯”象棋赛男子团体冠军立下战功。1992年获象棋国际大师称号。1993、1996年“亚洲杯”中国队夺冠主力队员。第十四、十五届“五羊杯”冠军。1994年获国际特级大师称号。1995年亚洲城市名手赛冠军。1996和1998年再获全国个人赛冠军。

王天一

王天一，男，1989年4月23日出生于北京，中国象棋特级大师，2013年毕业于北京大学，曾效力于北京威凯建设队，现就职于中国棋院杭州分院。王天一于2004年获第十三届银荔杯亚洲象棋锦标赛少年组冠军；2005年获中街冷饮杯全国少年象棋锦标赛16岁年龄组冠军，并晋升象棋大师；2006年获京津冀三省市对抗赛个人冠军；2007年获龙文杯大奖赛冠军，获第六届全国农运会个人亚军、团体亚军；2009年11月，获第一届全国智力运动会象棋比赛青年男子团体冠军；2010年，获第三届禹州坪山杯象棋公开赛冠军；2012年3月，获江苏省第21届金箔杯象棋公开赛冠军；2012年，获伊泰杯全国象棋甲级联赛射手榜第一名；2013年10月，获2013年碧桂园杯第

13 届世界象棋锦标赛男子个人冠军；2015 年，代表广西跨世纪象棋队出战全国象棋甲级联赛获联赛第一名；2016 年 9 月 9 日，获 2016 年第七届杨官璘杯全国象棋公开赛专业男子组冠军；2018 年 9 月 7 日，获第八届杨官璘杯全国象棋公开赛专业男子组冠军。

2012 年 10 月，王天一获得全国象棋个人赛冠军，成为中国第十六位男子全国象棋冠军棋手并晋升为象棋特级大师。

创新 实践活动异想天开

以红方为例，按将、士、象、马、车、炮、兵的顺序摆棋。

象棋的棋子是摆在交叉点上的。

以红方为例：

五个“兵”隔一路，一字排开摆在自己这方阵地的第四条横线上。

两个“炮”分别摆在 2 路和 8 路与第三条横线的交叉点上。

其他棋子都摆在底线上：

帅摆在底线当中，5 路上。

试着摆一摆黑方的棋。

比较黑方和红方的棋子，其中：帅 = 将，仕 = 士，相 = 象，车 = 车，马 = 马，炮 = 炮，兵 = 卒。

红、黑双方的七个兵种，形异实同，好比军队的服装，以示区别。

结语 传承非遗五育并举

【明理导行】

（1）“观棋不语真君子，落子无悔大丈夫”，这句是象棋的古训；世事如棋，要修成“真君子”或“大丈夫”实非易事。简单的解释是：看别人下棋时不要多言多语，亦即不要给人支着；下棋的人是不能悔棋的，这是下棋的基本规则。就是说，无论是下棋还是看棋，棋品都要好。从这两句简单的俗语中，老祖宗为我们传达下来的是深刻的做人道理。

一方面是因为这样做会打扰到别人的思路，我们都知道做事专注的时候，尤其是在清点数量时，只要有人在旁干扰，经常会出现差池，工作效率也是低下的。

另一方面，这样做会破坏游戏的公平性。下棋也好，工作也好，学习也好，万事万物都有自己的规则。在旁边提醒，会破坏原本的公平性。

（2）对弈是脑力与体力的较量。象棋教育对人的全面发展有促进作用，下棋能提高人的智力和耐力，我们所说的智力和耐力是指能自我提出问题，发现问题，分析问题，直到最终解决问题的能力，而下象棋正好适应了这个过程，因此可以说象棋是智慧的体操。一局棋，在两个棋手对抗意识的支配下，双方的注意力、思考力、想象力、记忆力和判断力就集中起来，进行部署每一步棋的对抗工作，每一步棋都能够引起大脑皮质的强烈活动，刺激心脏的正常活动，加速血液的循环，从而促进人身体各部的新陈代谢。

学生体验象棋

因此脑力活动进行得适当，对于智力的启发和提高有着一定的作用，但不宜消耗很多的脑力，必须保养脑神经系统的健康。这里，我们特别要提出：积极性的脑力活动，仍须适当地结合积极性的体力活动来进行。科学已经证明，积极性的体力活动对大脑的机能作用，可以产生最有益的影响。许多杰出的科学家和艺术家终生把脑力活动和体力劳动如体操、运动、旅行等结合起来，就是想有助于他们保持高度的思维能力。

（3）“马”行“日”，代表“日行千里”；“炮”要留炮架；“车”可以横冲直撞；“帅”居中指挥；“象”在田地上行走；“相”“士”守护着“帅”“卒”向前冲而不能后退。

中国象棋是我们中华民族留下的丰富的文化瑰宝。非物质文化遗产承载着人类的文明，是祖先留给我们的共同财富，是国家、民族软实力的重要资源，具有重要的历史、现实价值，对传承中华文明具有重要的作用。要保护、传承和利用我们的文化遗产，任重而道远，继承与传承非物质文化遗产的观念应从小开始灌输，附小非遗传承活动意义重大，我们学习传播非物质文化遗产知识，增强对非物资文化遗产的兴趣，期待在以后更多的活动中继续弘扬我们的非物质文化遗产，全民传承非遗文化。

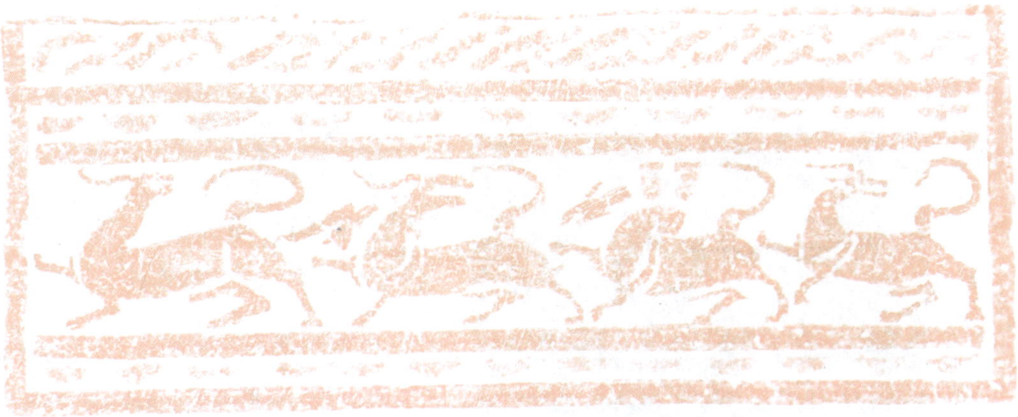

太极拳——内外兼修，刚柔相济

李丽萍

发现　太极拳之美

太极拳是以中国传统儒道哲学中的太极阴阳辩证理念为核心思想，集颐养性情、强身健体、技击对抗等多种功能于一体，结合易学的阴阳五行之变化、中医经络学、古代的导引术和吐纳术形成的一种内外兼修、柔和、缓慢轻灵、刚柔相济的汉族传统拳术。

寻根　扫码观看前世今生

1. 太极拳的起源

关于太极拳的起源，历来众说纷纭：

（1）唐朝许宣平

许宣平，新安歙县（现安徽境内）人。许宣平的太极拳功名曰“三世七”，据言因三十七式而得名。此拳又称长拳，因为这套拳打法不分何式为先、何式为后，只要将每式学会，打起来可以相继不断，绵绵不绝。

太极与落日

（2）宋朝张三峰

在《王征南墓志铭》中，黄宗羲说，内家拳“盖起于宋之张三峰。三峰为武当丹士，徽宗召之，道梗不得进，夜梦玄帝授之拳法，厥明，以单丁杀贼百余”。

（3）明朝张三丰

张三丰为元末明初著名道士。据张三丰自述，他曾任中山博陵县（今河北定县境）县令，后弃官出家为全真道士。曾游武当山，预言武当山异日必大兴。张三丰与其徒在武当山披荆斩棘，创草庐以修道。在修道炼丹过程中，观察蛇雀之争，探索龟鹤长寿之秘，由此创编了太极拳。不久又离武当山云游四方。

（4）明朝王宗岳

王宗岳是明朝万历人，内家拳名家，一位在太极拳传承史上作出重大贡献的人物。所著《太极拳论》，被视为太极拳经典理论。

（5）现传各式太极拳，出自陈式太极拳

现在多数拳家以“现传各式太极拳，出自陈式太极拳”之说为本。武术史研究者唐豪在实地考察了河南温县，并查阅了县志和《陈氏家谱》等后，得出结论：追根溯源，太极拳的发祥之地在河南省温县陈家沟。陈王廷就是太极拳的创造者。

2. 现代发展

新中国成立后，毛泽东曾号召全国人民打太极拳。1978年以来，中国的改革开放给太极拳的全面发展营造了巨大的空间，太极拳进入推广普及期，邓小平曾亲笔题词“太极拳好”。

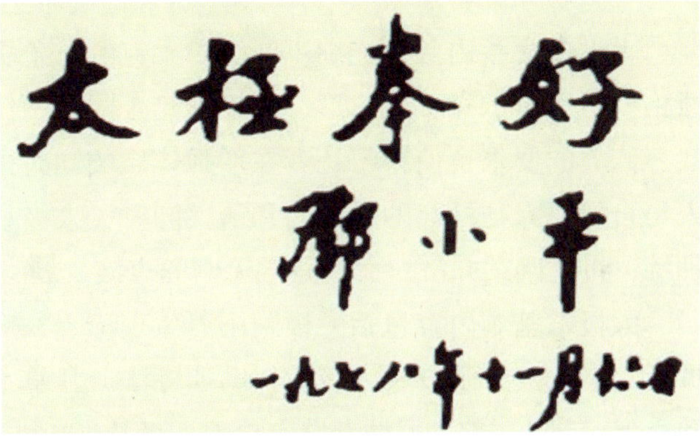

邓小平题词“太极拳好”

在温县陈家沟，习练太极拳之风甚盛，妇孺老幼皆练，当地流传的谚语说“喝了陈沟水，都会跷跷腿”“会不会，金刚大捣碓”，这都形象地反映出当地习练太极拳的情形。这种风气世代沿袭，经久不衰，使得陈家沟历代名家辈出。

温县现有武术馆校30余家，其中文武学校有4家，习武场所近30家，家庭武馆20余家，学员2000余人，流动学拳人数达8000余人。300余名太极拳师在海内外开办太极武术馆及连锁加盟店300余家。

不仅国内演练太极拳之风盛行，太极拳大师们还走出国门，将太极拳这一国之瑰宝传播海外150多个国家和地区。太极拳传播至今，已经成为世界上参与人数最多、最受人们喜爱的武术运动和健身活动项目，全世界的太极拳习练者多达3亿之众。

太极拳成为东方文化的一种符号象征，成为促进东方文化与西方文化交流的重要桥梁和纽带。太极拳的创编，也是继“四大发明”之后中华民族伟大创造力的又一次展示。20世纪80年代以来，各级政府及广大民众对太极拳这一古老文化体系的保护意识日益强化，各级政府相继制定保护措施，以太极文化为主的各个地方先后举办了11届国际性太极拳交流大会。传承人、民间传承组织也加大深入推广的力度。2006年5月，太极拳被中国政府公布为第一批国家级非物质文化遗产。

问道 拓展阅读学艺知技

1. 太极拳的特点

太极拳含蓄内敛、连绵不断、以柔克刚、急缓相间、行云流水的拳术风格使习练者的意、气、形、神逐渐趋于圆融一体的至高境界，而其对于武德修养的要求也使得习练者在增强体质的同时提高了自身素养，提升了人与自然、人与社会的融洽与和谐。同时，太极拳也不排斥对身体素质的训练，讲究刚柔并济，而非只柔无刚的表演、健身操。

太极拳基本内容包括太极阴阳养生理论、太极拳拳术套路、太极拳器械套路、太极推手以及太极拳辅助训练法。其拳术套路有大架一路、二路和小架一路、二路。器械套路有单刀、双刀、单剑、双剑、单锏、双锏、枪、大杆和青龙偃月刀等。

太极拳这一中华武术瑰宝已受到了世界各地人们的普遍推崇。

2. 太极拳的流派介绍

（1）陈式太极拳

分老架和新架两种，老架是清初陈王廷所编，原有五个套路，又名十三势，另有长拳一百单八势一套，炮捶一套。从陈王廷起，经过300多年的传习，积累了不少经验，对原有拳套不断加工提炼，终于形成了近代所流传的陈式太极拳第一路和第二路拳套。这两套拳动作都是经过精心编排的，其速度和强度不同，身法、运动量和难度也不尽相同。陈氏太极的另外一个分支是中国温县南冷架太极拳。

陈王廷

学太极，到温县，尽人皆知。温县太极拳系“陈家沟、南冷架及赵堡架”三个支脉。其中“南冷架”是古风浓郁、架式纯正的内家拳，所蕴含的中国太极传统哲学文化深奥。南冷架一直为嫡传功夫，在第四代嫡传南冷太极功夫大师秦毅风的改良下修正了古传太极的繁杂，使南冷太极更加突出实战的作用。南冷太极，发劲呼呼生风，招招有法，式式严谨，气血贯通，刚柔并济，堪称太极拳家族中最具古法韵味、遥接高风者。

“南冷架”严格按照古法走经络，行气血，调五脏，促代谢，鼓荡真气，强筋壮骨。对敌实战搏击，则攻防兼并，长于“四两拨千斤”，周身劲气，劲若缠丝，绵绵不绝，认真习练2—3年，功力渐深，有如“临深渊履薄冰而气定神闲，激水中流而心有大荒”之神妙体会。

（2）杨式太极拳

河北永年人杨露禅，酷爱武术，向陈家沟陈长兴学习太极拳，学成返里传习太极拳，因他能避开并制服强硬之力，当时人称他的拳为“沾绵拳”“软拳”“化拳”。杨露禅去北京教拳，清朝的王公贵族多向他学习。他武技高超，当时人称“杨无敌”。清同治、光绪两代帝师翁同龢在观看杨露禅与人比武后，对大臣们说：“杨进退神速，虚实莫测，身似猿猴，手如运球，犹太极之浑圆一体也。”并为杨露禅亲题对联“手捧太极震寰宇，胸怀绝技压群英”。后来，杨露禅根据实践，不断发展已有拳架，又经其孙杨澄甫一再修订，定型为杨式大架太极拳，由于练法平正简易，故成为现代最为流行的杨式太极拳。杨氏祖孙三代，在北京负有盛名。杨露禅有三子，长子杨凤侯早亡，但留下一支，在河北邢台地区有传；次子杨班侯和三子杨健侯，各有所长。

杨露禅

（3）吴式太极拳

满族人全佑，清末河北大兴人，初从杨露禅学太极拳大架子，后来拜杨露禅次子为师学小架子，以善于柔化著名。其子始从汉族改姓吴，名鉴泉。吴鉴泉继承和传授的拳式连绵不断，不纵不跳，适应性较广泛。由于吴氏对拳式有所修改，后人就称之为吴式小架子，这就是现代流传较广的吴式太极拳。吴鉴泉在北京、上海传拳较久，他打拳式正招圆，舒松自然， 虽架式小巧， 但有大架功底，由开展而紧凑，在紧凑中自具舒展，推手时端正严密，细腻熨帖。1958 年曾出版《吴式太极拳》一书。

吴鉴泉

（4）武式太极拳

清末河北永年人武禹襄，初从杨露禅学太极拳，后又学新架太极拳，并在舞阳县得《太极拳谱》，于是以练拳心得归纳锻炼要领为《身法十要》。武式太极拳特点为身法谨严，姿势紧凑，动作舒缓，步法严格，虚实分明，胸部、腹部的进退旋转始终保持中正，用动作的虚实转换和“内气潜转”来支配外形，左右手各管半个身体，出手不过足尖。武式太极拳于民国初年传入北京，后又传入南京、上海。1963 年曾出版《武式太极拳》一书。武式太极拳葛顺成传人的说法如下：武禹襄家族在永年是望族，其家是翰墨家庭，但武禹襄本人嗜武如命，终身不仕。陈家沟陈氏族人在永年县（今永年区）的生意，租用的是武禹襄家的房产。武禹襄见陈氏族人练习一种高明的拳术，非常喜爱，但因自己身份、地位问题无法去拜师学艺，于是委托同乡好友杨露禅（已有相当高的武功基础）赴陈家沟，拜陈长兴为师学艺，回来后教给自己，自己则供养杨露禅全家。杨露禅先后三赴陈家沟学艺，每次回来都对武禹襄倾囊以授。最终武禹襄还不满足于杨露禅所学，亲赴陈家沟请教。陈长兴当时已年迈，介绍他去陈青萍处学拳，后果有大成。而从李亦畬的著作，武禹襄是因公到赵堡，一月即回，可见武还是主要从杨处习得太极拳。武禹襄的主要传人早期有杨班侯（杨露禅之子，跟武禹襄本是学文，后武艺大成，远超其文化水平），还有自己的两个外甥，人称李大先生、李二先生。李大先生、李二先生传郝为真、葛顺成等人。郝为真武艺最高，他的拳架经其后人修改后被国家定为武式太极拳标准拳架。葛顺成等人传下的拳架仍保留了原始风格。

武禹襄

李圣端、陈兰亭、郝中天、郑月南、王老延、陈固安、吴文翰等都是武式太极拳高手。

（5）孙式太极拳

清末河北完县（今顺平县）人孙禄堂，酷爱武术，先学形意拳，后学八卦掌，勤学苦练，功夫深厚，民国初年始跟郝为真学武式太极拳，合各家之长，融会贯通，遂创孙式太极拳，并著有《太极拳学》。孙式太极拳的特点是进退相随，舒展圆活，动作灵敏，转变方向时多以开合相接，故又称“开合活步太极拳”。1957年曾出版《孙式太极拳》一书。

（6）简化太极拳

中华人民共和国成立后推行的简易太极拳套路。为了便于在广大群众中推广太极拳，1956年在杨式太极拳的基础上，删去繁难和重复的动作，选取24式，编成“简化太极拳”。多年来，简化太极拳已盛行于国内外，深受人们喜爱。简化太极拳的挂图和书籍出版了数百万册（张）。仅北京一地，1980年就建立了140多处太极拳辅导站，举办过800多期太极拳训练班，参加活动者在4万人次以上，这些辅导站训练班传授的主要是简化太极拳。

为了满足群众练拳的需要，中华人民共和国体育运动委员会在1979年又在杨式太极拳基础上，吸取其他各式太极拳之长，编成“48式简化太极拳”。

国家非常重视非物质文化遗产的保护，2006年5月20日，杨式太极拳经国务院批准被列入第一批国家级非物质文化遗产名录。2007年6月5日，经国家文化部确定，河北省永年县的杨振河和韩会明为该文化遗产项目代表性传承人，并被列入第一批国家级非物质文化遗产项目226名代表性传承人名单。

（7）武当太极拳

虽然目前有人认为太极拳与武当张三丰无关，不过确实存在武当太极拳。武当太极拳讲究“拳打卧牛之地”，基本上两米方圆足以施展，其中除螺旋缠丝外，另有九宫、八卦的内容。武当太极拳的要诀就是：拳随心境，舒展绵长，恢宏大气，容万物于心。武当太极拳以柔克刚、以静制动，后发先至，能四两拨千斤。不但是强身健体还可以防身自卫，武当太极拳结合有练精化气、练气化神、练神还虚，还虚合道的道教气功功法，开人智慧、发人体能，使人延年益寿、长生久世，是一种集武术与养生于一体，上乘的拳法。太极拳的练习过程分三个阶段：首先练形，然后练气，最后练神。其内含功法主要有：吐纳导引功、外气采补功、混元站桩功。其动作以崩履、挤、按、采、列、肘、靠为主，在应用中随、连、粘、贴，连绵不断、行云流水。演练太极拳要求虚灵顶静、含胸拔背、沉肩坠肘，动作舒展，做到神形俱妙。武当太极拳动静结合、内外相含，是内外双修的至宝，是人体性命的源泉。

（8）赵堡太极拳

赵堡太极拳形成于河南温县赵堡镇，它的起源有两种说法。一种相传是由武当太极拳创始人张三丰所创，由武当太极拳外传，祖师王宗岳传蒋法。蒋法又传邢喜怀，传张楚臣，传陈敬伯，传张宗禹，传张彦，传陈清萍，传张敬芝，传陈英明，传王庆升……历代传人经数百年的辩理、习技传下来赵堡太极拳。另一种说法是赵堡太极拳是陈式太极拳新架的一种套路，是由陈有本的弟子陈青萍创编的，特点是小巧紧凑，动作缓慢，练会后逐渐加圈，以至极为复杂。因为是在河南温县赵堡镇首先传开的，故人们称为“赵堡架”。赵堡太极拳无论拳架或理论、著作都是由师傅口传和身教。理论有：王宗岳师尊的专著《九要论》《太极行功歌》《捷要论》《运天机轮》《五字诀》《撒手法》，还有《论推手》《论擒拿法》和《论卸骨法》等著作。在太极拳花园中，“赵堡太极拳”是民间流传的一门太极真功，有着独特的技击特点和显著特征。

上述八式太极拳的风格、姿势虽不相同，但套路结构和动作顺序基本一致，练拳目的皆为健身治病。八式太极拳除拳套外，又各有推手和器械套路练法，如太极剑、太极刀等。

（9）禅门太极拳

禅门太极拳是一个拳术套路。相传为少林和尚根据“广大圆满无凝大悲陀罗尼”经咒，演绎其意融入拳式而编成。初名“大悲陀罗尼拳”（简称“大悲拳”）。禅太极，其原型是佛门古老、神秘、稀有的大悲陀罗尼拳，世人称之为“禅门太极拳”，据传是由唐太宗年间少林寺昙宗和尚所创，其风格古朴高雅、慈悲庄严。它不仅蕴含着技击的妙用，更融入了经络学说、阴阳五行学说、易理学说，是历代高僧们修身养性的无上法门。禅门太极上符天象，下合地理，中和人情，采古太极阴阳之法，出入于释、道、儒三教之论。上可成正觉，下可得长生，中习保安宁，实为达极乐之径也。

（10）八卦太极拳

八卦太极拳有两类：一为赵堡大架太极拳第十一代掌门赵增福师父所公开的，该拳架系赵堡架第六代宗师张彦所创。张彦在山东广收门徒，使太极拳拳艺代代相传，传至山东聊城的马永胜先生。马永胜先生在20世纪二三十年代根据最为古老、最为实用的赵堡太极拳创立八卦太极拳，传拳王怀德老先生，王怀德传拳赵增福师父，赵增福师父传授的八卦太极拳有上中下三盘，九十八实战法。

另一种被称为“八卦太极拳”的情况是：当年杨禄禅与八卦拳（掌）祖师董海川、形意拳大师郭云深切磋技艺。董海川发现三种拳艺虽练功方法不同，然则理为一贯，萌生了取太极拳之长，弥补八卦拳之不足的想法，便自编了一套走直趟的类似于太极拳的练功方法，传给了程廷华、刘德宽等弟子。

3. 太极拳传承人物

王芬，女，1969年出生，祖籍四川，师承陈式太极拳第十三代传承人杜会杰老师。2015年开始跟杜老师学拳，现在已掌握陈式太极拳28式、74式、56式，陈式49式太极剑，国家竞赛套路24、42式太极拳，32、42式太极剑等。2018年6月正式拜入杜会杰老师门下，系统学习陈式太极拳。

王芬

潘兴德

潘兴德，男，1959年8月生于安徽省芜湖市繁昌县，高中文化，中共党员，现任安徽荣伟集团供应部长。中国武术协会会员、当代太极拳名家，武术六段，国家武术段位制考评员，一级武师，一级教练，国家武术二级裁判，安徽省裁判员、教练员，陈家沟陈氏太极协会理事，陈家沟陈氏太极拳协会芜湖分会会长，繁昌县传统研究会副主席，系陈家沟陈氏太极拳第十九世太极拳掌门人陈小旺大师入室弟子，陈家沟陈氏太极拳第二十世传人。

创新 实践活动异想天开

学习太极拳有很多好处，学习时首先要从简单的套路学起，比如 24 式简化太极拳就很好。它动作不多，时间短（4—5 分钟），式子较全面。当时全国一些名家编这个套路时，还考虑到它的动作符合人的运动生理，既能得到锻炼又不易造成运动伤害。然后再学些稍复杂一点的套路。再就是练过四五套拳之前先不要急于练器械，有了扎实的功底，再去练刀剑枪棍就会简单一些，要循序渐进，不能着急。

其次是方法正确。买一些教学碟和书看看。学拳时要学习一些基本功如压腿、踢腿、蹲马步等拉韧带和增加腰腿力量的基本功，有道是“练拳不练功，到老一场松”。

学拳时一定要认真学习自我保护。练前做好功前准备；练后注意做一下整理放松活动；压踢腿时不要过猛，以免拉伤韧带；练拳过程中注意膝关节弯曲方向尽量和脚尖方向一致，并且注意膝盖前弯不要超过脚尖。大家在做其他体育运动时的一些保护措施都可以借鉴。总之，练拳的目的是强身健体，而不是让自己受到伤病的缠绕。

最后就是要有恒心。

结语 传承非遗五育并举

国家级非遗太极拳是我国传统文化的瑰宝，是一种民族精神，是凝聚了传统文化一生的光耀夺目的明珠，它的根深深扎入中国传统哲学、中国传统养生学、中国传统医学、中国传统美学等多学科的广袤深厚的领域，尤其是对青少年儿童身心健康的发展有着非常重要的作用，所以我们应该将它传承下去。

中国围棋——黑白世界中的智慧

吴彩虹

发现 挖掘生活中的非遗

1. 初遇围棋

中国围棋是思维性、趣味性和竞技性的智力运动，是中国的国粹。

现在，我们一起进入围棋的世界。

下棋的地方：室内或者室外。

棋盘：围棋的棋盘由横直各 19 条线组成（19 × 19），构成了 361 个交叉点，棋就下在交叉点上。初学可用 9 × 9 的棋盘。

棋子：黑方 181 枚，白方 180 枚，共 361 枚。

整套棋子，如图。

黑白棋子

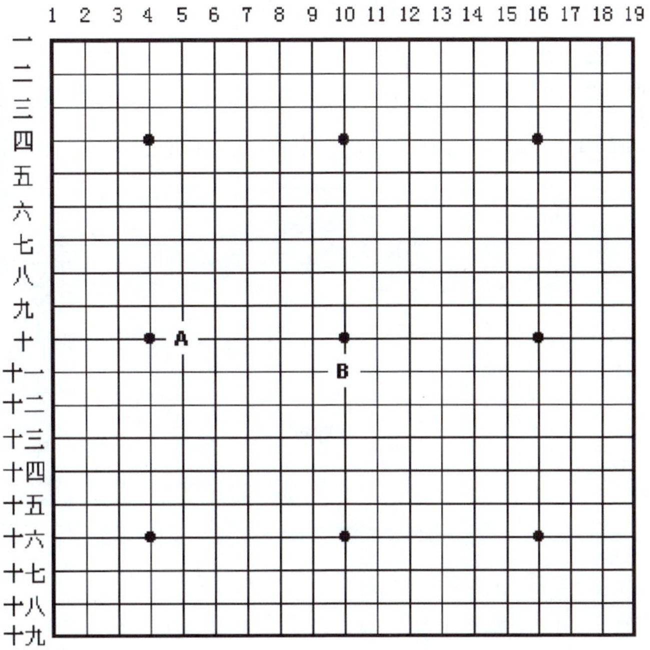

棋盘

下子次序：黑子先行。由于执黑有一定优势，因此执黑者一般为下手（棋力较弱者），执白者一般为上手。

下棋的手法：

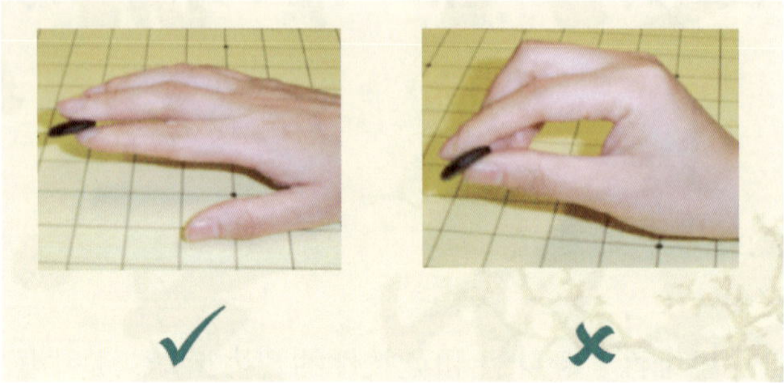

拿子方法（左正右误）

2. 作品欣赏

《碁经》（“碁”同“棋”）是现存最早的围棋专门论著，现存伦敦博物院，卷首已经残缺，卷尾题“碁经一卷”及古藏文签名。内容包括：“碁经”七篇；“棋病法”；梁武帝《棋评要略》。著者除第三部分为梁武帝外，其余均未写明。但据文中将黑子称为乌子，避北周文帝宇文泰的小字“黑獭”的讳，可知作者为北周时人，因而三个部分大约均是南北朝时作品。本卷是手抄本，从卷尾古藏文签名（藏文在7世纪初始创），文中用“安稳”一词（少陵以前都作安隐）以及“炮”“砲”混写等情况看，估计抄手是晚唐人，甚至五代人。从书法看，也是如此。

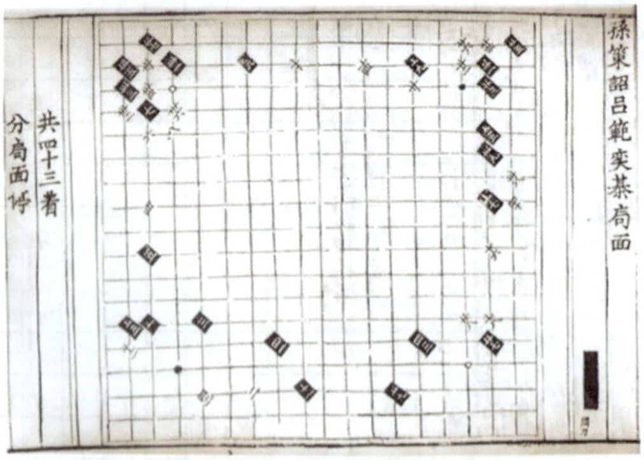

孙策诏吕范弈棋局面

《忘忧清乐集》（宋本）宋李逸民辑，共三册，取宋徽宗诗“忘忧清乐在枰棋”之意。卷首为宋皇佑中学士张拟所撰《棋经十三篇》（模拟《孙子兵法》格式），被历代弈家推为经典著作。稍后为刘仲甫所撰《棋诀》，亦颇精彩，至今尚有实用价值。接着是历朝国手对局，最古的是“孙策诏吕范弈棋局面”，就是世传的“吴图”，但真伪莫辨。不过无论真伪，均是现存最早的棋谱。第二册是定式，第三册是棋式，即角上死活，亦均为现存的最早围棋作品。本书为极珍贵文物，现藏北京图书馆。

《玄玄棋经》（明本）元晏天章、严德甫撰，原名《玄玄集》。因卷首冠以张拟的《棋经十三篇》，所以后人习惯称它为《玄玄棋经》。现存的为明朝坐隐斋自订本（“坐隐”是围棋别名之一），共四卷。本书虽有起手法、古遗局等，但重点放在 100 个死活题上。这些棋式不仅起名生动，如“野猿过水势”“入穴取鱼势”等，而且质量极高。本书颇受日本棋界重视，曾多次翻印出版，广为流传。

《四子谱》明过百龄撰，清版，几经翻刻，流传很广，影响亦大。本书以角上起手法即“定式”为主，标志着当时棋手已着重在起手方面下功夫，是一大进步。所录“定式”着法精劲，实用价值极高。《官子谱》清陶式玉辑，以死活题为主，内容丰富，可与《玄玄集》媲美。日本棋界亦曾翻刻流传。

这些是与中国围棋有关的著作。

寻根 扫码观看前世今生

围棋是中国传统棋种，也是一种智力游戏。围棋使用格状棋盘及黑白二色棋子进行对弈，以围地多者为胜。它作为一门学科，玩可开发智力，启迪思维，锻炼头脑，陶冶情操，提高计算本领。

问道 拓展阅读学艺知技

【非遗大学堂】

1. 中国围棋简介

围棋，是一种策略型两人棋类游戏（也有联棋或者团队对战模式，有两人对两人、一人对多人、多人对多人等形式），使用格状棋盘及黑白二色棋子进行对弈，中国古时称“弈”，西方称“Go”，流行于东亚国家（中、日、韩、朝），属琴棋书画四艺之一。围棋在很大程度上反映了中国传统思想文化的精髓，是中国的国粹，被称为世界上最复杂的游戏之一。

2. 中国围棋的历史

围棋起源于中国，传为帝尧所作，春秋战国时期即有记载。隋唐时经朝鲜传入日本，流传到欧美各国。围棋是中国传统“四大艺术”——琴、棋、书、画中的一种。古时候把围棋称为“弈”。人们有时候将一个人会不会下围棋看作其是否优雅、多才的标准之一。现在，围棋这个古老的游戏不仅在中国吸引了越来越多的爱好者，在世界范围内也逐渐得到普及。

3. 中国围棋的现状

今日，在亚洲的围棋人口有数千万人，在欧美国家也有不少人会下围棋。

围棋的规则十分简单，却拥有十分广大的空间可以落子，使得围棋变化多端，比中国象棋更为复杂。这就是围棋的魅力所在。下一盘围棋的时间没有规定，快则5分钟，慢则要几天，多数时候下一盘棋需要1—2小时。

下围棋对人脑的智力开发很有帮助，可增强一个人的计算能力、记忆力、创意能力、思想能力、判断能力，也能提高人对注意力的控制能力。下围棋也会对小孩子起到积极作用，使他们能更好地分析事物。

4. 传承故事

相传是尧发明了围棋，到现在为止，围棋已经有4000多年的历史了。

在很久很久以前，中国的第一位帝王是尧帝。尧帝有个儿子，因为出生的时候全身都是红彤彤的，所以起名叫“丹朱”，意思就是红上加红。小丹朱特别顽皮，他到处惹事，总是不能静下心来学习。尧帝本想把自己的王位传给丹朱，这样下去怎么行呢？于是，聪明的尧帝就仿照围猎的方法，在方形的木板上画上互相交叉的横线和竖线，在上面用犀牛角和象牙块玩打仗游戏，这就是围棋的最早形式。小丹朱一下子就喜欢上了这个游戏，他不再到处惹事，而是每天找聪明的小伙伴一起玩“犀象游戏”。后来丹朱还把九路棋盘改成了十一路，让这个游戏变得更加好玩。就这样，尧发明了“犀象游戏”，丹朱发扬了围棋游戏。

5. 传承人物

林海峰，围棋棋手，祖籍中国浙江宁波，日本知名职业围棋选手。1955年入段，1967年九段。林海峰的棋风厚实均衡，韧性极强，不易被击倒。棋界称他为“不死鸟”或“常青树”。林海峰先生是围棋大师吴清源的弟子，

林海峰

在日本棋界乃至世界围棋界都备受尊崇。

六大超一流冠绝一时，其中竟有五人师出同门，木谷道场因此蜚声天下。只有林海峰独立撑起一杆大旗，与木谷群英相抗衡。10 岁时于台湾遇见吴清源大师，在与大师的受六子较量中表现出色，从此定下围棋的抱负，随后赴日本深造，12 岁入段，林海峰光芒万丈的围棋生涯正式起步。50 多个春秋的职业棋士生涯，林先生一直未曾被时代抛弃，他是真正的棋坛常青树，是可以浴火重生的不死凤凰。

创新 实践活动异想天开

【技法实操】

（1）认识棋盘和棋子。棋盘就是我们下围棋时打仗用的战场。黑色的棋子，我们叫它“黑战士”，那么白棋子叫“白战士”。送它们上战场时中指在上，食指在下，轻轻地夹起黑战士。

（2）了解下围棋的基本规则。棋子应该下在交叉点上。“黑战士”和“白战士”准备打仗了，如果让战士站在这个小方格里，这小方格可是个大水塘呀，一下去就没命了，所以不能把棋子放在方格里。再看看这位胖战士站在细细的独木桥上，连站都站不稳，可怎么打仗啊！只有让战士站在交叉点上，才能稳稳地打仗，才会打胜仗。

（3）数“气”：

① 如果在棋盘中间的黑战士有上、下、左、右四条路可以跑，这四条路就是它的四口气，那白战士要抓住它就要堵住它的路。

② 如果黑战士往边上一站，它有三口气，要消灭它，就要把它的去路都堵住。

③ 如果黑战士往角上一站，它有两口气，要消灭它，就要把它的去路都堵住。

黑战士站在不同的地方，它的气也不一样，角上有两口气，边上有三口气，那中间有四口气。所以要想消灭对方的战士，必须知道它有几条路可以走，有几口气，再去堵住它的气。当你把对方战士的气都堵住后，就能把它从战场上“提”起来带回家放在你的盒盖上。

（4）围棋由黑白双方交替下子，每次下一个子，先学会猜。当你的战士站好位置是不能再移动的，这就叫“落子生根”。必须由“黑战士”先下，再轮到“白战士”下，每回只能下一个子。

谨记一首儿歌：不下格子和直线，棋要下在交叉点，落子无悔不要赖，黑棋先下轮流玩。

结语 传承非遗五育并举

【明理导行】

围棋之道不可只重棋艺，必须艺、品、理、规、礼五者兼备，所谓“棋道”。棋艺简称“艺”，棋品简称“品”。棋艺与棋品乃对局争胜之战术与战略，其变化因人而异。棋艺乃熟能生巧之功夫，棋品乃人品之化境。人们有时候将一个人会不会下围棋，看作其是否优雅、多才的标志之一。现在，围棋这个古老的游戏不仅在中国吸引了越来越多的爱好者，在世界其他范围内也逐渐得到普及。

学生对弈

咏春拳——健身的好拳术

张泽林

发现 挖掘生活中的非遗

文以凭心，武以观德。武术是中华文明历史长河中的瑰丽明珠，是中国人民在长期的社会实践中不断积累的优秀文化遗产之一。武术作为一种身体与精神统一的运动，蕴含着深厚的文化底蕴和博大的精神外延。

李小龙是我国著名的武术宗师、功夫片的开创者、华人武打电影演员。

我们都知道叶问将咏春拳发扬光大，而前面提到的李小龙就是叶问的得意门生。咏春拳是世界上最受欢迎的中国功夫之一，焕发着其独特的武术魅力。今天我们就一起来了解咏春拳。

叶问和李小龙

寻根 扫码观看前世今生

咏春拳作为一种武术文化，按照“师徒相传”的原则授教，秉承“武德之道，武技之道，武艺之道”，继承传统武艺，坚守历史传统，发扬博大精深的传统体育美。在经历了岁月的积淀和文化的沉淀，在发展中不断寻找适合自己的道路，融入科学的改革和创新。米机王咏春拳，于2012年入选天河区非物质文化遗产目录，2013年入选广州市第四批非物质文化遗产名录，2015入选广东省第六批省级非物质文化遗产代表性项目名录。2017年，黄念怡被评为广东省级非物质文化遗产传承人。2018年，黄冬薇被评为广州市级非物质文化遗产传承人。

问道 拓展阅读学艺知技

1. 咏春拳的特点

咏春拳的主要特点是：动作朴素，招法实用，配合多变的手法和灵活的身型，发挥舍力、卸力、借力、发力之道，从而达到以柔克刚、以技制胜、以弱胜强的效果。

习练咏春拳，既可细细品味武术动作中的攻防含义，又可感受传统武术中所蕴含的刚柔相济、动静结合的古人智慧和哲学思想。武术锻炼既可以强身健体，又能练就坚忍不拔的精神。

2. 咏春拳的起源

关于咏春拳的起源，一直众说纷纭，其发展至今，是经过历代咏春先师逐步发展完善而成的。

1845 年左右，梁赞师从梁二娣，后经梁二娣介绍结识黄华宝，并被黄华宝纳为关门弟子。

1870—1890 年，梁赞将其毕生所学重新整理，弟子陈华顺得其真传。

1901 年后，陈华顺在缸瓦店内教授咏春拳术，传人共有 16 人，叶问即在其中。

1949 年，叶问将咏春拳带到香港，之后的 20 年里设馆授徒，将咏春拳发扬光大。

1971 年，叶问徒孙梁挺将咏春拳介绍到德国，后来在欧洲及北美发展。叶氏门下高徒辈出，特别是凭着非凡的中国功夫扬威世界的李小龙。

咏春拳，2012 年入选天河区非物质文化遗产名录，2013 年入选广州市非遗名录，2015 年入选广东省非遗名录。2017 年，黄念怡成功申报为广东省级非遗传承人。2018 年，黄冬薇成功申报为广州市非遗传承人。

3. 咏春拳的现状

咏春拳现盛行于广州、佛山、肇庆、鹤山及福建、港澳等地，国外加拿大、美国、日本及东南亚等国亦有流传。

曾经有一句这样的话：“咏春拳源于少林，发展于佛山。”因为佛山是我国唯一获得“中国武术之城”称号的城市，孕育出了许多闻名的佛山拳师，如梁赞、陈华顺、姚才、黄飞鸿、叶问、李小龙等一批有国际影响地位的武术家以及精武会、鸿胜馆等蜚声海内外的武术团体。

目前，广东省佛山市内拥有蔡李佛拳、洪拳、咏春拳等各类拳种 52 个，注册武术馆 297 家，会武术人口约有 10 万人。佛山武术已播布至海外 176 个国家和地区，约有 6000 多家拳馆、1000 多万人参与传承。2020 年 12 月 21 日，佛山咏春拳成功申报第五批国家级非物质文化遗产代表性项目。

4. 咏春拳的理论

（1）精气神合一

精气神是中国哲学的一个常见概念，被广泛运用于文化、美学、音乐以及武术各个领域。“精生于气”，“是高级的气”，气在道家被视为构成天地万物的基础，即“天地合气，万物自生”。还有孟子所言的“浩然之气”。“神”，是聚集精气而得，王允所说的“神者伸也”，则指的是运动。总之，精气神学说对于武术而言，即强调人体精要的本质，但并未特指具体物质，如著名形意拳所强调“内三合”、咏春拳所讲究的“以心行气，以气运身”。“行气如九曲珠”“气沉丹田”，是对行拳走架时身体姿势和相应身体感觉的说明与描述。而这种将形神合一的强调和说法，对于没有传统武术学习经验的人来说是难以理解的。

所以大凡中国传统武术都或多或少地和精气神有所结合，咏春拳也不例外。《咏春白鹤拳潘孝德拳谱》有“呼风则气伸，气则力，人无气必死，山无气必绝。气力不足，英雄何在”的记载。潘长安认为这体现出寸劲节力来源于“精气神”的协调。

（2）标准点穴

对于穴位，学者仍是抱着谨慎的态度，如唐豪在《内家拳穴法的研究》一文对于民国时期流行的点穴说法提出质疑，“拳家博人，或用头，或用拳，或用掌”，“不能入针之刺入人身，称为穴法，原不甚妥”。有些穴位需要“捉臂点按，遇肌肉坚实，指力欠劲者且不应”。穴位和经络在技击中的实用价值被质疑，但影响传统武术理论的痕迹却十分清晰，少林、峨眉都有打穴术和套路。

咏春拳的进攻目标主要集中在人体脆弱部位，有些人将这些借助于中医的经络穴位理论进行解释，并且在海外传授咏春拳的教师对这样的理论也深信不疑，并极力传播，如程威廉在拉斯维加斯和他的外国学生安东尼曾演示过咏春拳的点穴功夫，并经编译于2007年在国内格斗杂志《搏击》上刊登。程威廉认为，攻防合一的咏春拳最终能否获得胜利关键取决于点穴，主要是手指、手腕、指关节去完成点穴的动作，而训练攻击力的办法就是打沙袋和拳靶。

（3）中线进攻

中线理论是咏春拳技术体系中遵循的主要原则。中线是“一个物体的重心所在”，承受着整体的重量，即人体头至尾闾这一道线，是进攻与防守需要遵循的“中线”。进攻时向对方中线进攻则可以达到破坏对方稳定性，重创对方的目的；防守时守住自己的中线，沿着中线这个平面如“分水”般消解对方攻击，是防守最直接也是有效的路线。咏春拳在中线理论基础上还提出了一个“朝面追形”的说法，即对方的中线正在自己身前正中不须调整，称之为“朝形”；不在正中的位置而需要调整，称之为“追形”。技击时，大多数情况下都需要追形。

（4）攻守一体

“消”为阻挡、消减对方的进攻，“打”是我方的进攻，“连消带打”意思是在防守对方来攻的同时自己也做进攻动作。咏春拳需要双手同时做不同的动作，“发不同的劲”。连消带打的特点是攻防转换快，在快速的转换中抢得时机。如在运用摊手化解对方来拳的同时使用日字冲拳击打对方头部，节约进攻时间，可以达到“后发而先至”的技击效果。守攻同期，也被称为“攻守一体”，指的不是一个动作具有攻与守的作用，而是咏春拳里“心二用”，一手防守，另一手进攻。在防守的时候，可能的情况下同一时间发动进攻，由被动变为主动，从而达到“后发制人”的效果。大多数咏春拳的推挡招数（防守动作）紧跟着几乎同时的进攻，体现了对动作时效性的追求。

创新 实践活动异想天开

1. 咏春拳的拳法

（1）拳术套路有：小念头、标指、寻桥。

小念头是咏春拳一个初级套路，它的动作招式不多，但集中了咏春拳攻防的最基本的招式和手法，练好小念头各个招式动作组合，就能为进一步学习打下坚实的基础。

（2）粘手：单粘手、双粘手。

（3）功力训练：沙包训练、木人桩训练、墙靶训练、吊腿桩训练、藤圈手训练、铁臂功训练、内功训练。

（4）武器训练：八斩刀、六点半棍。

2. 咏春拳的基本技术动作

（1）抱礼拳

咏春拳是较强调实战的武术，并且经常进行真实的格斗，但是习武如不以正义为基础，必会鲁莽和凶残，我们习武一定要注重礼仪，所以要先来学习"抱拳礼"：左手是掌，右手是拳，将左右手叠在一起。

详细分析：并步站立，左手四指并拢伸直成掌，拇指屈拢；右手成拳，左掌心掩贴右拳面，左指尖与下颏平齐。右拳眼斜对胸窝，置于胸前屈臂成圆，肘尖略下垂，拳掌与胸相距 20~30 厘米。头正，身直，目视受礼者，面容举止自然大方。

（2）基本手型

掌型：首先是四个手指并起来，大拇指扣在横关节上。

拳型：在掌型的基础上，四个手指并拢后拳握在一起，大拇指扣在第二关节的横节上。

勾型：五指捏拢，勾手立腕。

（3）基本步型

二字钳羊马

动作分解：首先，两个手握拳，迅速收到腋下；膝盖微蹲；以后脚跟为准，膝盖和脚尖向外分开；以脚尖为准，后脚跟往外撑开。

（4）基本动作

① 子午拳

动作分解：

单边子午拳：第一，抱拳，左拳先到中线，然后再以最快速度往前冲出去，前腕螺旋成竖；第二，沉肘枕拳，肘底内旋；第三，沿中线回抽抱拳。

双手重叠中线交叉：首先抱拳，左拳先到中线，然后再往前以最快速度冲出去，前腕螺旋成竖；接着左拳沉肘枕拳，肘底内旋的同时右拳到中线，两拳在中线交叉重叠；然后右拳在中线以最快的速度往前冲出去，前腕螺旋成竖；接着右拳沉肘枕拳，肘底内旋的同时左拳到中线，两拳在中线交叉重叠。以此左右手依次交叉出拳。

② 摊手

动作分解：首先以掌为基础，左掌心朝上，肘关节夹在胸前正中间，不能撑开；再往前以最快速度冲出去；最后收回抱拳，后出右掌（方法跟左掌一样）。

③ 反手

动作分解：首先以摊手为主，左掌到中线，往回转一圈，肘关节向上抬，指尖朝前，然后收回抱拳；然后右掌到中线，往回转一圈，肘关节向上抬，指尖朝前，然后收回抱拳。以此左右手依次交叉出掌。

④ 伏手

动作分解：首先左掌心先向右侧，出到中线，再往前压，掌心向外，肘关节往回夹在正中线，收回抱拳；接着右掌心先向左侧，出到中线，再往前压，掌心向外，肘关节往回夹在正中线，收回抱拳；以此左右手依次交叉出掌。

我们了解到咏春拳的基本技术和动作，包括基本手型、武术敬礼、基本步型、子午拳、摊手、反手、伏手这七项，这些都是学习咏春拳的基础，后续还需要多加练习，因为只有我们把基础练好了，才有利于进一步掌握咏春拳的技法。

结语 传承非遗五育并举

【明理导行】

咏春拳是中国一门传统武术，我们都知道练武功要先从练武德开始，咏春门内拳谚有云：“小念头不正，终生不正；习武如是，做人如是。”我们做人要正气，不能以拳术去伤害他人。当我们在惩恶除奸的时候，为了避免被人伤害可以使用武术。

【与大师面对面】

2019 年 10 月 9 日下午，学校邀请了中国咏春拳传承大师刘有宁来与学生进行面对面的交流。在会上，刘大师讲解了咏春拳基本动作的原理以及要领，还亲自为我校学子进行相关的动作指导。大师在练习的过程中，不断地变换方向对小“徒弟”进攻：上钩、下压、左拳、右拳……而小“徒弟”都能轻松应对，不禁让我们发出一声声的赞叹。

广东省咏春拳协会荣誉会长刘有宁到学校讲学

刘大师提到如今的咏春拳经过了历史的沉淀，去芜存菁，已经去掉了花拳绣腿的招式，留下精练朴素、简单明快的招式，而这些招式中也蕴含了“礼尚往来”“通达灵活”等人生哲理。刘大师勉励我校学子不要把目光只放在外国文化上，而应更多地接触在我们国家的传统文化，了解我们国家的传统文化，将来发扬我们国家的传统文化。

五羊的传说——古代广州城的汉族神话

黄 洁 刘 爽

发现 挖掘生活中的非遗

1. 粤语歌曲《广州又叫五羊》

歌曲的名字告诉我们，广州还有另外的名字，就是羊城。这让我们不自觉地将广州和羊联系在一起，想要一探究竟。

2. 五羊石像

图片中这座高大雄伟的五羊石像位于广州市内越秀公园，由130多块花岗岩雕刻组砌而成，高11米，体积53立方米。它不仅仅是一处有名的景点，还象征着广州人的精神品质和生活追求。石像中的每一只羊神态各异，从各个角度都有值得欣赏的地方，有羊的不同活动姿态，传达不同的情感和内容。

群羊之首昂首向前，口里衔着麦穗，它的形象让我们感受到勇敢、坚定的品格。它的姿态里流露出了对广州的期待，带领着其他羊昂首向前，所以它代表的是勇敢。在它的脚下我们可以看到一对母子羊，羊宝宝正在吸乳，代表的是报恩。而羊妈妈回过头来顾盼着小羊，让我们感觉到了母亲般的慈爱。另外一个羊正在专心吃着草，旁边还有一只羊正在给它搔痒痒，它们则代表着勤劳、踏实、稳重、互助和友爱。我们发现，这五只羊神态各异，雕刻得栩栩如生，而这五只羊也象征着广州人民的勇敢、报恩、慈爱、勤劳、互助等优秀品质。

寻根 扫码观看前世今生

五羊传说，是古代广州神话传说故事，流传于广东省广州市及其周边地区的民间文学，其基本内容为“五羊衔谷，萃于楚庭”（楚庭即广州），反映了广州先民携带牲畜、农作物落籍岭南和种植水稻的历史。

五羊传说是广州市别名“羊城”“穗城”及广州市内若干地名等的来源，唐诗中已经开始使用五羊称呼广州城。作为岭南地区产生最早、流传最广、影响最深的口头文学，有珍贵的民间文学价值。2007 年 5 月 9 日，五羊传说入选广州市第一批市级非物质文化遗传名录；2007 年 6 月 18 日，入选广东省第二批省级非物质文化遗产名录。

问道 拓展阅读学艺知技

1. 看图画，初识五羊传说

在这幅画中，我们可以看到五位仙人，他们各骑着一只羊，手里拿着稻穗。他们在干什么呢？

五羊仙人

约在周朝时，广州连年灾荒，田野荒芜，农业失收，人民不得温饱。一天，南海的天空忽然传来一阵悠扬的音乐，并出现了五朵彩色祥云，上有五位仙人，身穿五色彩衣，分别骑着不同毛色口衔稻穗的仙羊，降临广州。仙人把优良的稻穗赠给了广州人，并祝愿这一地区永无饥荒。

祝罢仙人腾空飞逝，五只仙羊化为石羊留在广州山坡。从此，承仙之愿，稻穗飘香，年年丰收，广州便成为岭南最富庶的地方。这就是广州有“五羊城”“穗城”“羊城”之称的由来。

2. 观雕像，追溯五羊传说

如今在广州市越秀公园内的越秀山木壳岗的五羊石像，就是来源于前文中的五羊传说，它与广州这座城市有着密切联系，也象征着广州人民的精神品质。

3. 读古籍，再识“五羊城”

刚刚我们认识了一个美丽的神话传说故事——五羊传说，但其实广州又名五羊城，最早出现于东晋学者顾微的《广州记》：“广州厅事梁上，画五羊像，又作五谷囊，随像悬之。云昔高固为楚相，五羊衔谷萃于楚庭，故图其像以为瑞，六国时广州属楚。”这是广州叫作五羊城的最早记录。

创新 实践活动异想天开

【技法实操】

1. 参观五仙观

五仙骑五羊携五谷禾穗相赠广州的古老传说，不仅千百年来为当地百姓广为流传，而且早已成为广州城悠久历史的象征和标志性形象而深受敬仰。古代民间由此以羊石、羊城、穗城作为广州的代称。广州还特意修建了五仙观，专门用来祭祖五仙。了解了这么多关于五羊传说的故事，学生们也需要去实地考察一下与五羊传说有关的故事。学生们实地去考察五仙观，在古迹中去寻找神话传说的影子，这是一个关于劳动与生活的美好期许的故事。参观前，学生可查阅五仙观的资料，每个小组带上一台相机或手机拍照。参观结束后，每个人写一篇游记，把看到的、想到的写下来。

2. 跳山羊

五羊城名字的由来如此有趣，学生们也可进行一项有趣的与“羊”字有关的运动，可能很多小朋友都没有接触过，那就是跳山羊。

跳山羊整个动作包括助跑、起跳、支撑腾空和落地几个环节。这项体育活动锻炼身体效果好，具有实用意义。它能促进身体全面发展，特别对增强下肢和肩带肌肉的力量有显著的作用，同时能够提高弹跳能力及越过障碍和轻巧落地等技能，发展灵敏、协调等身体素质，培养学生勇敢、顽强、勇于克服困难的优良品质。体育老师可协助完成此项运动。

山羊跳具体操作步骤：

（1）准备部分——发展身体，培养兴趣。

① 体育委员整队、报告人数，师生问好。体现了学生是体育学习的主人，教师是体育学习的组织者、引导者与合作者。

② 队列队形：原地跑步变踏步。通过队列练习，培养学生规范地站立，行走姿势和令行禁止的优良作风。要求：口号声音洪亮，精神饱满。

③ 游戏：分四组进行钓鱼游戏。游戏的选择符合季节特点，可分四组先让学生进行创编钓鱼游戏，再练习。调动学生学习的积极性，培养学生创新精神、合作精神和学习兴趣。

④ 成四列横队做拍手操（第一套）：伸展运动；下蹲运动；提膝运动；体侧运动；体前运动；全身运动；跳跃运动。每节 4×8 拍，教师可要求第一和第三个八拍由奇数列做，第二和第四个八拍由偶数列做；这样做起来波浪起伏，使学生感到很有新意。

⑤ 辅助练习：专门性准备活动（腕关节、踝关节、压腿练习）。培养学生安全意识和自我保护的能力。

（2）基本部分——发展兴趣，提高能力。

学习分腿腾越山羊。

重点：助跑有节奏，踏跳时机准确，推手有力。

难点：动作协调，腾空高，落地稳。

练习步骤：

① 原地分腿跳（注意绷脚面）。

② 走几步做支撑跳跃踏跳练习。

③ 俯撑，蹬地屈髋成分腿立撑，推手成分腿站立，两臂斜上举。

④ 四人一组“跳背”练习。

⑤ 几步助跑、起跳，两手支撑山羊，提腰，屈髋，分腿，推手回落。

⑥ 在有帮助保护的情况下，根据学校器材情况，分组练习分腿腾越山羊。

⑦ 教师巡回辅导。

（3）结束部分——恢复身心，消除疲劳。

放松舞蹈（配乐）：《青蛙与小姑娘》

有个别同学有畏惧心理，不敢跳，但是在老师的指导和同学的鼓励之下，可能会勇敢地克服内心的害怕。希望通过这样的体育项目学习，大家的身心能得到锻炼，越来越强大。

结语 传承非遗五育并举

【明理导行】

对五羊传说的学习和对五仙观的参观，有助于大家对这个古老的神话传说故事有了更深入的了解。细考羊城的得名，我们发现确实很有趣，它起源于五羊降临的神话，但传说中的仙人为什么骑羊而不骑马、鹿等呢？这个美丽的神话故事究竟记载着上古先人的什么信息？

从原始社会进入奴隶社会，人类告别了野蛮时代进入文明的社会。中华民族进入文明社会离不开物质基础，在我国原始社会首先是畜牧业发展。从渔猎时代的野生动物作为食物的主要来源， 到懂得收养猎物有了原始的累积，就慢慢进入畜牧时代。“畜”就是从食物积“蓄”开始的，五畜成为收养食物的主要对象，其中以羊为主。据古代文献记载，中国的养羊历史很长，传说伏羲时起，即教民饲养家畜。

春秋战国时期，对羊的繁殖和经济价值更为重视了，如《礼记》记载：“大夫无故不杀羊”“大夫不坐羊，士不坐犬”。郑玄注曰：“古来杀牲，食其肉，坐其皮，不做犬羊，是不无故杀之”。可见，羊在当时已是一种财富，多是在祭祀、庆典中用羊，平时就不随意将羊宰杀，以利于羊群的繁殖壮大。

我们再来看看汉字中隐藏的关于“羊”的秘密。汉字的“美”拆开来就是“羊大”，即羊肥大的就是美；汉字的“鲜”，拆开来就是“鱼和羊”。可见自古以来，“羊”就是与人们生活最为密切的动物食物。

中国的历史源远流长，中国的文化博大精深，五羊传说早已凝聚了我们先人的智慧和愿望，“五羊衔谷，萃于楚庭”，反映着广州先民携带牲畜、农作物落籍岭南种植水稻的故事，也象征着广州人民的勤劳、友好、勇敢、报恩等优秀品质，我们生活在广州这一片兼容并蓄的土地上，希望大家在这样的神话流传和精神传递中学习到古人的智慧，做好一名羊城人。

鲁班传说——匠人精神代代传

邹　琳

发现　挖掘生活中的非遗

1. 发现生活中的奇迹

我们中华民族有丰富的艺术瑰宝，其中不乏精美的木制建筑、雕塑，还有很多精美绝伦又功能多样的工具，请看：

木构塔

斗拱的榫卯结构

这是中国现存最高最古老的一座木构塔式建筑。为什么这种木塔可以屹立千年，经历风吹雨打、日晒雨淋，甚至是经历地震，却始终不倒？答案就藏在右边这幅图中，这是我们常见的中式木制家具。

木制家具

这是中国古代的油纸伞。还有下面这种工具，大家见过吗？它叫什么，有什么作用？

这种工具叫作刨子，它是用来削木头的工具。

这些木制建筑和木制手工艺品都是我们中国的工匠们，用自己一点一滴的汗水和一双勤劳的双手，从一块块普普通通的木头中创造出来的奇迹。

2. 鉴赏作品

在山西省朔州市应县有一座神奇的木塔——佛宫寺释迦塔。建于辽清宁二年（公元1056年），金明昌六年（公元1195年）增修完毕，是中国现存最高最古老的一座木构塔式建筑，与意大利比萨斜塔、巴黎埃菲尔铁塔并称“世界三大奇塔”。2016年，释迦塔获吉尼斯世界纪录认定为世界最高的木塔。

应县木塔是中国现今绝无仅有的最高、最古老的重楼式纯木结构塔，全塔高67.3米，比有名的北京白塔还要高16.4米。塔身共分五层六檐，如果加上内里四层暗层，也可以算是九层。此塔建于公元1056年，至今已历900多年，虽历经了狂风暴雨、强烈地震、炮弹轰击（塔身上弹痕累累，可以看见嵌进去的弹头），仍然屹立。它全靠斗拱、柱梁镶嵌穿插吻合，不用钉不用铆，以50多种斗拱的垫托接连砌建而成。古人解决建筑问题的技术之高，连现代人也觉得不可思议。如塔底层回廊外檐由24根木柱支撑，在静止时下层每根柱负荷 120 吨，可是柱下石础根本没有窠臼，木柱断面直接平立于石础之上。

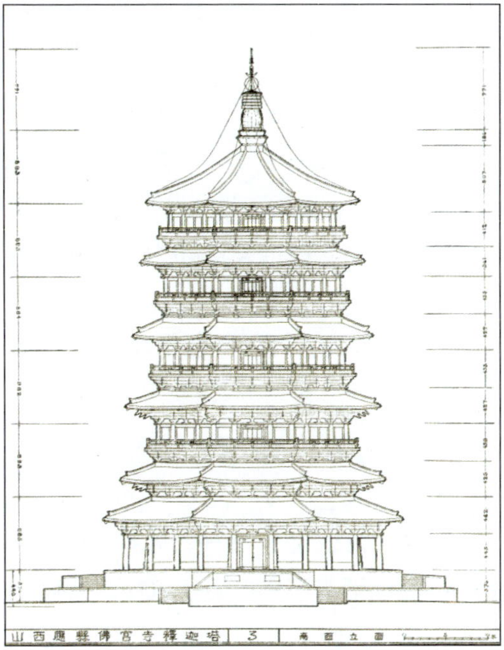

应县木塔实测图

这是应县木塔结构示意图，斗拱是中国古代建筑所特有的结构形式，靠它将梁、枋、柱连接成一体。由于斗拱之间不是刚性连接，所以在受到大风、地震等水平力作用时，木材之间会发生一定的位移和摩擦，从而可吸收和损耗部分能量，起到了调整变形的作用。除此之外，木塔内外槽的平座斗拱与梁枋等组成的结构层，使内外两圈结合为一个刚性整体。这样，一柔一刚便增强了木塔的抗震能力。应县木塔设计有近 60 种形态各异、功能有别的斗拱，是中国古建筑中使用斗拱种类最多、造型设计最精妙的建筑，堪称一座斗拱博物馆。

我们中国古代的劳动人民和能工巧匠，用自己的智慧和双手，建造出这么伟大的木制建筑。他们在制作或工作中始终保持追求精益求精的态度与品质，敬业、精益、专注、创新，如果没有这些工匠的付出，也不会有今天中国木制工艺上的辉煌成就。

寻根 扫码观看前世今生

鲁班传说是山东地方民间传说之翼。鲁班是春秋末期的一个工匠，原名公输盘，由于技艺超群，又是鲁国人，所以又称“鲁班（般）”。古代生产力极度低下，鲁班在机械、土木、手工等方面的发明提高了生产力。他是我国历史上著名的工程师，伟大的发明家，被奉为百工之祖。民间流传着许多他对建筑及木工等行业贡献的传说。现在、刨根溯源、一丝不苟、专注钻研、创新成就的精神又被称为“鲁班精神”。

问道 拓展阅读学艺知技

【非遗大学堂】

1. 鲁班简介

以上图片中的木制建筑和木制工具的发明都离不开一个人，他是一个心灵手巧的人，据说，他发明创造了很多工具。他的名字叫鲁班。

鲁班，就是春秋时期鲁国有名的工匠公输班，出生于世代工匠家庭，从小就参加木工劳动，是一位能工巧匠。在当时生产力水平低下的条件下，在发明生产工具和改进武器上作出了卓越的贡献。他发明了很多东西，给人们带来了方便。据传说，他发明了攻城用的云梯和磨粉用的石磨，以及很多木工工具，如锯、曲尺、墨斗、刨子、凿子、铲子等，被后世建筑工匠、木匠尊为“祖师”。数千年来，鲁班的名字已成为劳动人民智慧的象征。

刨子

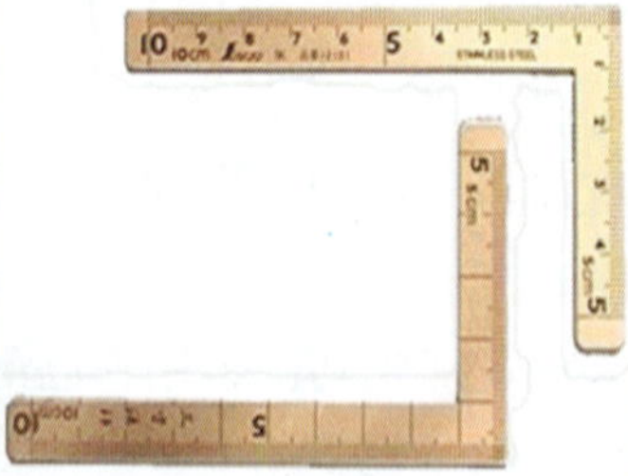

曲尺

锯子

2. 读鲁班传说，悟匠人精神

鲁班的故事传说深受人民的喜爱。在中国流传着许多他对建筑及木工等行业贡献的传说，被认为是他设计的工具及建造法则被沿用至今，所以鲁班被后世奉为工匠祖师。鲁班传说是中华民族著名的民间故事传说之一。它流传时间久，传播地域广，作品丰富，精神影响深远。

有一年夏天，鲁班家乡鲁国国王要鲁班监工建造一座宫殿，期限为三年。但是这座宫殿所需的木料，鲁班等工匠们到山上砍上三年也完不成任务。这可急坏了鲁班，为了不耽误工程进度，为了能加快砍伐木料的进度，鲁班每天都要提前上山选择好要砍的树木。天色刚蒙蒙亮，鲁班便提前出发了。为了节省时间，鲁班便抄小路走，可是坡陡路滑，忽然，脚底一滑，身体便顺着山坡往下滚去，鲁班急忙抓住一把茅草，等站稳后感到手疼痛无比。鲁班伸开手一看，手已是鲜血淋漓。鲁班非常惊奇，为何一把茅草能够划破人的手？

鲁班顾不得疼痛，便揪下一根茅草仔细地观察起来。这茅草的叶子很怪，叶子两边都长着锋利的小细齿，人手握紧它一拽，手就会被划破。鲁班又试着用茅草在手指上拉了一下，果然又划开一道血口。

鲁班从这件事中得到启发，心想：如果仿照茅草的细齿，用它来锯树，岂不比斧砍更快、更好吗？鲁班忘记疼痛转身下山，在金属工匠的帮助下，鲁班做出了一把带有许多细齿的铁锯。鲁班将这件工具拿去锯树，果然又快又省力。锯子就这样发明了。后来，人们不断改进，制造出了各种各样的锯子。

这个故事虽说是传说，但是，从中却可以得到这样的启发：一是劳动创造财富，实践出真知。鲁班在劳动实践中留心观察，模仿生物形态，发明了锯子等许多木工工具。二是创造来源于观察和想象。鲁班通过观察长着利齿的叶子，从中得到启发，并联想到“齿状的工具能很快地锯断树木”，从而发明了锯。这个故事告诉我们，只要留心观察、用心思考，发明创造就在身边，创新意识也就慢慢地养成了。在学习中也是如此，善于发现，勤于动脑，善于表达，勤于观察，养成良好的学习习惯。

关于鲁班造伞还有那么一个有趣的传说：

很久以前，还没有伞。著名的工匠鲁班和几个木匠一起在路边造了许多亭子。亭子的顶是尖尖的，四面用几根柱子撑住。雨来了，或是被太阳晒得难受了，行人可以躲一躲，歇一歇，喘口气儿。

可是鲁班想，要是雨下个不停，那该怎么办呢？人总不能待在亭子里不走啊。要是能把亭子做得很小，让大家带在身上，该多好啊！用什么办法才能把亭子做得轻轻巧巧的呢？

一天，天气热极了，鲁班看见许多小孩子在荷塘边玩，每个孩子的头上都顶着一张荷叶。

鲁班问他们："你们为什么顶着荷叶呢？"小孩子七嘴八舌地说："太阳像个大火轮，我们头上顶着荷叶，就不怕晒了。"

鲁班拿过一张荷叶，仔细地瞧了又瞧。荷叶圆圆的，上面有许多叶脉，朝头上一罩，又轻巧，又凉快。

鲁班的心里一下亮堂起来。他赶紧跑回家去，找了一根竹子，劈成许多细条，照着荷叶的样子，扎了个架子；又找了一块羊皮，把它剪得圆圆的，蒙在竹架子上。"好啦！好啦！"他高兴地喊起来。这东西既能挡雨遮太阳，又很轻巧！

后来，他又把它改成了可以活动的。用的时候，就把它撑开；用不着时，就把它收拢，这就是最早的伞。

这个故事告诉我们，在生活中，我们要善于观察，遇到问题多动动脑，也要善于动手，或许也会像鲁班一样成为一个发明家。

有关鲁班的传说还有很多，还有鲁班学艺、鲁班与车船、鲁班和墨子等等。最早记载鲁班事迹的是《墨子》，在《礼记·檀弓》《风俗通义》《水经注》《述异记》《酉阳杂俎》以及一些笔记和地方志中也有著录。2008 年 6 月 7 日，鲁班传说经国务院批准被列入第二批国家级非物质文化遗产名录。

创新 实践活动异想天开

【神奇的榫卯斗拱结构】

1. 榫卯结构简介

传说鲁班为了测试儿子是否聪明，用六根木条制作一件可拼可拆的玩具，叫儿子拆开。儿子忙碌了一夜，终于拆开了。这种玩具被后人称作鲁

漂亮的鲁班锁

班锁。其实这只是一种传说，它起源于中国古代建筑中首创的榫卯结构。鲁班锁亦称孔明锁、别闷棍、六子联方、莫奈何、难人木等。

四川报恩寺——斗拱博物馆

2. 斗拱结构简介

在明代《鲁班经》中有鲁班发明榫卯斗拱结构的记载，清代《四库全书》中更详细地介绍了榫卯斗拱结构的各种原理制造方法以及在建筑中的具体运用。著名的世博会建筑的设计灵感就是来源于榫卯斗拱结构。

【动手制作简易木凳，体会劳动与创造的乐趣】

木工工具介绍：

斧头：大开大合，对木料进行粗加工时使用。

刨子：对木料表面进行刨直、削薄、出光、作平物面的处理。

锯子：切割木料使用的工具。

课堂上练习使用的是板锯。

凿子：开槽、开眼时使用。

今天就给大家带来一款朴素的小凳子，我们来学习下吧。

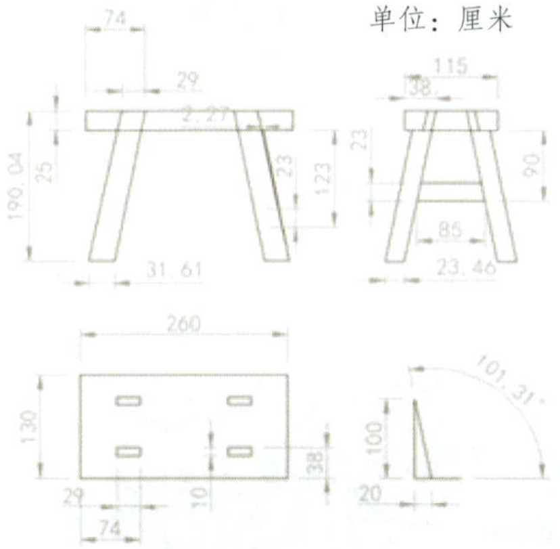

图纸

成果

只要把四个凳子腿，分别打进木凳板背面的四个洞里，固定好，小木凳就安装好了。

结语 传承非遗五育并举

【明理导行】

为什么像鲁班这样的工匠能制造出这么精致实用的东西？是因为他们具有一种精神，就是工匠精神。鲁班精神的本质是科学精神，其核心内容包括尊重科学的态度、敢于创新的勇气、自我反省的魄力和乐于奉献的胸怀。学习鲁班精神有助于提高整个中华民族的科学精神，形成尊重科学、勇于创新、乐于奉献的社会风气，通过增强科技实力从而提高中国的综合竞争力，最终实现中华民族的伟大复兴。

希望大家都能像鲁班一样爱观察、勤思考、勤动手。我们还可以收集其他鲁班传说故事加深了解，利用下课时间互相讲一讲，也可以把学到的故事回去讲给身边人听，让他们也感受一下鲁班的精神。相信有了大家的了解，我们的鲁班传说、鲁班精神一定会代代相传。

【非遗传承小天使】

木工技能我来学

曹和洋

这个假期，我学会了几种跟鲁班有关的木工技能。

第一种技能，就是我组装了一只鲁班鸟，这只鲁班鸟可以借助动能在空中展翅飞翔，你看，它拍打翅膀的声音多么清脆。

第二种技能，就是我在听了鲁班传说后，了解到一种叫作榫卯结构的建造方式，其中鲁班锁就是根据这种结构设计出来的。

鲁班锁的类型有很多，我选择了其中一种结构，在经过多次分析和组装试验后，能够快速将鲁班锁拼装在一起并快速解开。有了这个卯榫结构，鲁班锁在组装好后可以锁得非常紧，很难解开。我们中国古代很多木质建筑，包括现在用的很多木制家具都是根据这个榫卯结构来制作的。

鲁班真是一个智慧而勤劳的工匠。

南海醒狮——寓武于舞，警醒之狮

管宁

发现 挖掘生活中的非遗

中国这一有着5000年悠久历史的古老国度，流传着浩如烟海般的文化瑰宝，在我们的身边就有这样一项寓武于舞的华丽技艺——醒狮。

这些都是舞狮时的场景，看这一只只狮子活灵活现、栩栩如生的样子。在它们威武、华丽的外表之下，其实包含了许多舞蹈之外的神奇元素，更是蕴藏了中国人民自强不息的精神。

醒狮表演

醒狮醒国魂，击鼓振精神。

中华当崛起，日月共乾坤。

《醒·狮》是国内第一部以“醒狮”为题材的大型舞台剧，这部剧将醒狮文化和传统文化展现到极致。剧中以南狮、南拳、岭南曲风、广东狮鼓、木鱼、说唱等诸多南粤非遗项目为创作元素，将民族舞蹈与广东狮舞相融合，将南拳马步和广东醒狮特有的腾、挪、闪、扑、回旋、飞跃等技巧融入舞蹈语言，使整部舞剧呈现出刚柔并济的艺术效果。

《醒·狮》以第一次鸦片战争中的广州三元里抗英斗争为故事背景，以“醒”为神，以“狮”为形，通过讲述两名舞狮少年阿醒、龙少面对爱恨情仇、家国大义等不同人生抉择时的自我觉醒与蜕变，反映了南粤儿女不屈不挠的抗争精神，展现了中华民族觉醒反抗从而获得尊严和力量的过程。这部剧被称为“最燃民族舞台剧”，并一举摘得第十一届中国舞蹈荷

《醒·狮》舞台剧

花奖，获得国家艺术基金2019年舞台艺术创作资助项目，并入选第十二届中国艺术节、第十六届文华大奖参评剧目。

寻根 扫码观看前世今生

醒狮源于汉代，脱胎于唐代宫廷狮子舞，造型威猛，制作考究，注重配件与装饰，以中国传统戏曲三国人物面谱作鉴；眼帘、耳朵、嘴巴皆可动，头顶一只尖角，威风凛凛，融舞蹈、音乐、武术、技巧为一体，象征吉祥如意、兴旺进步。

广东醒狮舞动时注重马步，一般是两个人舞一头狮，配大锣大鼓，由“大头佛”引领，以“采青”为主题，有起、承、结、合等过程，具戏剧性和故事性。

2006年5月20日，广东醒狮经国务院批准列入第一批国家级非物质文化遗产名录。2017年，赵伟斌入选为广东省第五批省级非物质文化遗产项目代表性传承人。

问道 拓展阅读学艺知技

狮头

舞狮，是中国优秀的民间艺术，古时又称为“太平乐”。舞狮有南北之分，南狮又称醒狮。狮子是由彩布条制作而成的，每头狮子一般由两个人合作表演，一人舞头，一人舞尾。表演者在锣鼓音乐下，装扮成狮子的样子，做出狮子的各种形态动作。在表演过程中，舞狮者要以各种招式来表现南派武功，非常富有阳刚之气。舞狮被认为是驱邪避害的吉祥瑞物，每逢节庆或有重大活动必有舞狮助兴，长盛不衰，历代相传。舞狮活动也广泛流传于海外华人社区，有华人之处，必有舞狮，这成为扬民族之威、立中国之魂的重要仪式，以及海外同胞认祖归宗的文化桥梁，其文化价值和影响十分深远。

舞狮是一种亚洲民间传统表演艺术，表演者在锣鼓音乐下扮成狮子的样子，做出狮子的各种形态动作。中国民俗传统认为舞狮可以驱邪辟鬼，故此每逢喜庆节日，例如新张庆典、迎春赛会等，都喜欢敲锣打鼓，舞狮助庆。舞狮亦跟随着华人移居海外而闻名世界，马来西亚、新加坡等地及各国唐人街都相当盛行舞狮。聚居欧美的海外华人亦组成不少醒狮会，每年的春节或重大喜庆，他们都会在世界各地舞狮庆祝。

舞狮起源众说不一。神话传说是以前山中出现狮子，吃掉村庄内的村民，后来村民学会武功，格毙狮子，村民模仿狮子的形态而成为舞狮；有神话版本说是如来佛把狮子引走，因此南狮中常有“大头佛”引领狮子；亦有传说有村民以纸扎狮子及锣鼓驱走年兽，演化成为舞狮。

有说法认为：中国本身没有狮子，在中华文化中，“狮”本来和“龙”“麒麟”一样都只是神话中的动物。到了汉朝时，才首次有少量真狮子从西域传入，当时的人模仿其外貌、动作做戏，至三国时发展成舞狮；南北朝时随佛教兴起而开始盛行。史书中，《汉书·礼乐志》中提到“象人”，据三国时的解释，就是扮演“鱼”“虾”“狮”的艺人。到了唐朝，舞狮是大型宫廷舞蹈表演的一种。当时的“太平乐”亦称为“五方狮子舞”，出于天竺与狮子国等国。白居易的诗中描述狮子舞：“假面胡人假面狮，刻木为头丝作尾，金镀眼睛银作齿，奋迅毛衣摆双耳。”可见当时的舞狮跟我们所见的已十分相似。

舞狮有着悠久的历史，它是中国与西域之间文化交流的产物。早在1900年前，波斯同中国通过丝绸之路进行了双方的商业贸易，同时也促进了两国之间的文化交流。波斯使者还把狮子等动物运到中国，当时中国地带不产狮子，但随着接下来的古代中国与西亚、印度等国之间进行友好交往，更多的狮子来到了中国境内。

狮子体型威武，被誉为百兽之王，而中国一般不受狮患所害，因此民间对狮子有了亲切感，把它当成威勇与吉祥的象征，并希望用狮子威猛的形象驱魔赶邪，造成狮形以镇压或以示威武。

中国社会历来以农为本，为配合节气变更与农事生活，各种节日或迎神喜典应运而生。在这些节庆中，人们为了祈求生活平安安宁，以神或瑞兽来驱鬼娱神，这种形式便渐渐具有娱乐民间的意义。

随着人们对狮子的喜爱愈烈，他们已不满足于立门墩、屋檐、石栏、印章、年画上静止的狮子艺术形象，他们要让狮子活起来，于是他们便创造了模拟狮子行为的舞蹈，再加以改进和发展成为中华民族的一门独特艺术。

自改革开放以来，作为传统表演项目的醒狮队，如雨后春笋般成立起来。当时，仅南海地区就有醒狮队1800多个。伴随着醒狮活动的普及，各种舞狮大赛不断，并涌现出一批有实力夺取“世界狮王”称号的队伍。现如今，舞狮文化已经伴随着无数华人的脚步走遍了世界各国，可以说只要有华人的地方，就有舞狮。

球场上的醒狮表演

佛山是醒狮的发源地，佛山狮头作为一门民间工艺，在这里得以发展。老街小巷中有一家狮头作坊，已经传承了几百年。1992年，电影《黄飞鸿之三：狮王争霸》筹备拍摄，导演徐克指名所有的狮头道具都必须是黎家狮，制作醒狮的每一个步骤，黎婉珍和女儿都认真对待，黎家狮的口碑代代相传，不少人慕名而来。

作为黎家狮的第五代传人的黎婉珍无时无刻都不忘作为传承人的使命。黎婉珍从小就在狮头作坊中长大，很长时间以来，扎做对她来说只是一门维生的手艺，直到2008年，佛山狮头被列为国家级非遗项目，而她也被评为了这门手艺的省级传承人，从那时起，黎婉珍便担起了文化传承的责任。也是从那时起，女儿周嘉欣分担了她的担子，着重佛山狮头的少儿知识讲座和新产品的开发。如今，黎家狮名声在外，她们肩负着生产和传承的双重责任，黎婉珍直言，虽然忙，但是看着自己的作品被大家认可，心里就会觉得很满足。

黎家狮

醒狮不仅有传统表演，如今也融入了各种各样的表现形式。2019年4月，广州歌舞剧院就推出了大型原创剧目——《醒·狮》。故事以三元里抗英事件为历史背景，以民族觉醒为主旨，讲述阿醒、龙少两名舞狮少年面对爱恨情仇、家国大义抉择时作出的自我觉醒与蜕变。全剧以四幕的结构，从最初狮王争霸赛前两人在茶楼初识交手，阿醒险胜，龙少愤怒不甘，随后龙少的妹妹凤儿芳心暗许于阿醒，却惨遭被害，最终凤儿化为引狮人，阿醒、龙少联合民众，奋起抵抗侵略。在剧中，我们既看到了阿醒的单纯、勇敢，醒母的坚毅、隐忍，又体会到龙少从堕落狂妄到自强，凤儿的任性、正直，最终，我们看到的是南粤儿女不屈不挠的抗争精神。

狮子是中国人心目中的瑞兽，是吉祥如意的象征。醒狮活动，则寄托着求吉纳福的美好意愿。它是一种文化符号，也是一种不屈的象征！而说到醒狮文化，不得不说起素有“中国醒狮之乡”美称的湛江市遂溪县醒狮文化。

每一种传统文化背后，必有着匠心精神的恪守与坚持。而对醒狮文化有着匠人精神的李荣仔，铸就了遂溪醒狮文化今日的傲人成绩，让遂溪醒狮文化多次获得央视的认可，奠定其在传统文化中无法撼动的地位，使遂溪醒狮文化源远流长。

12 岁开始学习五行拳，15 岁开始舞狮，人称“湛江狮王”的李荣仔可谓名声在外，不过很多外人并不了解的是，他不但是一位醒狮表演大师，也是一位制作醒狮的大师，他把醒狮做成一个产业，造福乡里，并惠及广大醒狮爱好者。

“湛江狮王”李荣仔

李荣仔从小随祖父扎走马灯，做田犁农具、扎狮头，但是想要做出既要夸张、醒目，又传神威严的狮子，其难度不亚于专业的雕塑，“山重水复疑无路”，好在李荣仔身上有一股不服输的劲头，让李荣仔的人生发生了转折。

当时广东舞狮制狮的“高地”在广佛地区，李荣仔的制狮技术遇到瓶颈后，他决定去广佛一带取经，20 世纪八九十年代的传统手艺人，对自己的看家本领视若珍宝，绝无可能传授给一个外人。不过，李荣仔有一个绝技：惊人的记忆力。在那个没有相机也不方便用纸笔“偷师”的年代，李荣仔就硬生生地把各种制作技巧，一点一滴都记在脑海里，吸收广佛一带设计精髓，同时融会贯通，逐渐形成自己的独特风格。

李荣仔就是这样的一个人，别人花十分的精力，把一件东西做好，他花十二分的精力，把一件东西做精，把它做成一种情怀、一种精神。

如今李荣仔的醒狮备受关注，既有它制作工艺精湛的因素，也有他高超舞狮水平的带动，1995 年前后，他将传统南拳中的“梅花桩”引入醒狮表演，其高难度的表演形式扣人心弦，观赏性大大提升，很快引起举国关注。在李荣仔高水平带领下的狮班，成为粤西地区的顶尖狮班，得到省文化厅领导亲自批示，并为之解决工程土地指标，扶持他做大醒狮制作产业，北方各省的客户慕名而来，连醒狮文化极为悠久的马来西亚，也有许多客户前来下订单，“龙湾醒狮”之名全球皆知。

在李荣仔的努力下，为遂溪在2004年获评“中国醒狮之乡”提供了强大的支撑。2006年，龙湾狮班被中国龙狮协会派往马来西亚参加该国五十周年庆典的国际龙狮邀请赛；2008年李荣仔被文化部评为国家级非物质文化遗产项目南派醒狮粤西地区唯一的传承人；2009年，李荣仔经过考核，被国际龙狮运动联合会批准为粤西地区唯一的国际级龙狮运动裁判。

如今的醒狮已经是遂溪的一张名片，正因为有了像李荣仔这样认真、虔诚的传承者，高品质的老技艺才能够保留至今，发扬光大。手艺人会老去，但我们源远流长的传统文化必须传承下去。

创新 实践活动异想天开

这么威武传神的醒狮的制作过程分为四个步骤。

（1）扎作。将竹篾扎成一个狮子头轮廓。必须选用柔软度好的黄竹，要求轮廓扎实、逼真。

（2）贴纸。用糨糊把砂纸和纱绸贴在狮头轮廓上，必须选用坚韧的砂纸，才能使得制出的醒狮坚实，晾干后还要贴上亮片激光纸才显得威猛。

（3）手工描绘。用颜料把整个狮子头、眼、鼻等画出来，并描画出各种图案。狮头十分强调团的装饰和用色效果。醒狮中的狮头通常是以粤剧中三国历史人物的造型为基础来设计的，并按照粤剧角色类型分为文狮和武狮两大类别。主要使用红、黄、绿、黑、白等色彩，有所谓五彩刘备面、红狮关公面、黑狮张飞面等。醒狮凝结了南海民众卓越的智慧，表达了求吉的心理，体现了质朴的审美观念。

（4）配套装饰。狮头装饰的主要是兔毛、羊毛、五彩绒球、镜子、金片布等，分别装饰在狮子的眉、眼、鼻、口、角等各个部位，使醒狮更加勇猛生动。

结语 传承非遗五育并举

醒狮是一种具有武术、舞狮两种特性的传统文化艺术。这种“武术性的狮舞”以武术为根底，在表演中彰显南派武术功架与技法，散发出独特的狮武一体、狮形蕴武的魅力。自南狮、北狮的分野以来，南狮便承袭了舞狮重武的传统，在发展中融入南拳，衍变出了舞狮与南派武术结合的样貌。特别是清朝时期，民间习武也被清廷所禁止，而舞狮这种借狮戏为名，行习武之实的现象便愈发多了起来。所以学狮要先练武，醒狮与武术一体，就是当时清末民初的尚武风气的产物。当时要对抗腐朽的清政府的禁武禁令，振奋民族精神，于是便顶着狮头，拿着箩筐来舞，以武术的步型步法来模仿狮子的行动，形成了“外形像狮，动作似武”的“狮武合一”的艺术。每间武馆都有“狮会”设立，在练习武功之外，对于舞狮的艺术都刻苦钻研。他们舞狮的身形、手势和步法，必定配合着自己一派的武技动作举狮而舞。拳师们既练拳又舞狮，就连武功宗师黄飞鸿也不例外。

到了现代，醒狮已经成为一种影响广泛的群体体育健身运动，集武术、杂技、舞蹈、音乐等于一体，表演元素丰富，并在锣鼓、鞭炮声中将“舞”与“武”完美结合。舞狮对于表演者来说，是精神和身体的双重锻炼，需要具有高超的技艺、扎实的武术功底和健壮的体质。这种舞蹈与武术不分的情况，使狮舞表演者得到了很好的身体锻炼效果，因而舞狮具备了强身健体的功效。

醒狮不仅是一种体育艺术形式，还有着更深刻的文化内涵。醒狮一词的根本意思就是唤醒民众之意。在清末民初那个灰暗的年代，习武之人以忠义为主旨，团结邻里对抗清政府腐朽不堪的统治。为了躲避清政府的搜查，便采取了“寓武于舞”的舞狮方式延续尚武传统，将舞狮与武术相结合，试图以“采青”暗喻“踩清”，激发民众自强不息的精神。

龙舞文化——舞出中华民族的精气神

王 珂

发现 挖掘生活中的非遗

学生表演舞龙

龙，对中国人来说，熟悉而陌生，亲切而又神秘。人们对龙的感性认识，主要来自民间传说和随处可见的龙的形象——头似驼，角似鹿，眼似兔，耳似牛，项似蛇，腹似蜃，鳞似鲤。

龙跟我们中华民族有什么关系呢？

龙在中国，是人人皆知的吉祥物。

几千年来，中华儿女在它身上寄托了无数美好的愿望。在古代，龙代表着吉祥、正义、兴旺和力量。

龙，象征着一种精神，是一个民族的图腾。龙，在中国和天地世间万事万物都有联系。龙，在中国传统文化中是权势、高贵、尊荣的象征，又是幸运与成功的标志。

寻根 扫码观看前世今生

舞龙灯，是中华民族的传统文化活动，早在汉代就有杂记记载了这样的壮观场面：为了祈雨，人们身穿各色彩衣，舞起各色龙灯。

龙舞，也称“舞龙”，民间又叫“耍龙”“耍龙灯”或“舞龙灯”，是中华民族在传统文化背景下通过对龙的形象不断创造和加工，而形成的一种具有表演技巧、形式华丽、内容丰富的民族民间文化体育活动，在全国各地广泛分布。2006 年，龙舞被列入国家级非物质文化遗产名录。

问道 拓展阅读学艺知技

舞龙人着装统一，额扎头巾，腰扎色带，脚穿麻鞋，身着鹅黄或纯白、艳蓝、绛红的紧身衣，显得英姿飒爽，与龙身形成鲜明对比。敲锣、号角充当指挥，时而平缓，时而激越，把现场气氛调度得恰到好处。

舞龙时，由一人执掌彩球在前引导，彩球前后左右四周摇摆，巨龙翻滚腾跃做抢球状，动作舒展灵巧犹如行云流水，举龙、端龙、左右抡珠、倒把、游龙、龙翻浪、龙钻尾、龙戏水、龙翻身、跳龙、盘龙十分壮观，时直时曲，时折时圆，让人感受到龙飞翔于天、潜游于渊的流动美感。

中国龙舞的艺术特点虽然风格各异，但归纳起来还是“北刚南柔”的总体风格。龙舞在不同地方有着不同流派和艺术特点，服装、场景、形态、配乐都各具特色。

（1）铜梁龙舞：还记得 2008 年北京奥运会开幕式表演吗？那震撼全球、彰显中华民族风采的绝世演出中，最后的压轴大戏，就是来自被国务院列入首批国家级非物质文化遗产名录的重庆十大文化符号之一的“铁水金花”铜梁龙舞！铜梁龙舞具有与民俗活动紧密相连、舞时烟花烧龙、伴奏音乐独特、道具构思巧妙、服饰俭朴大方、群众参与性极强等特点。铜梁龙舞艺术在新时期的国内绽放了属于自己的独特魅力，在 1984 年、1999 年、2009 年国庆盛典先后亮相，还参加了 2008 年北京奥运会、上海世博会等国内重大活动。

铜梁龙舞的传承人是傅泉泰老人。

（2）湛江人龙舞：湛江人龙舞是广东省的传统舞蹈。广东省东海岛东山镇东山圩村的人龙舞素有“东方一绝”的美称。表演时，几十至数百名青壮年和少年均穿短裤，以人体相接，组成一条“长龙”。在锣鼓震天、号角齐鸣中，“长龙”龙头高昂，龙身翻腾，龙尾劲摆，一如蛟龙出海，排山倒海，势不可挡，显现出独特的海岛色彩和浓厚的乡土气息，是东海岛乃至雷州半岛经久不衰的民间风俗和大型广场娱乐活动的重要组成部分。湛江人龙舞在2006年入选国家级非物质文化遗产名录。

（3）汕尾滚地金龙：滚地金龙始创于南宋，黄氏南溪滚地金龙繁衍了17代。表演时，由二人钻入“龙身被套”，一人舞龙头，一人舞龙尾。表演中模仿的龙旋舞飞腾、戏水嬉耍、沉思奋醒、柔静盘曲、勇猛奋进等动作。伴奏用威武雄壮、嘹亮开阔的海陆丰正字戏的“牌子大锣鼓”，大唢呐按不同的表演情节吹奏不同的曲调。表情丰富、套路众多、舞段精彩、技艺兼善是这个舞蹈的基本特点。汕尾滚地金龙已于2006年入选第一批国家级非物质文化遗产名录。

（4）长兴百叶龙：百叶龙是一种浙江长兴的传统民俗活动。顾名思义，由“百叶”构成。而此叶却非一般的树叶、茶叶，乃是一瓣瓣荷花的粉红花瓣组成。那一瓣瓣粉红娇艳的荷瓣，组成一朵朵硕大的荷花；一朵朵硕大的荷花，串成一条条冲天而起的巨龙；那冲天而起的巨龙，在青翠滴绿的荷叶组成的绚丽云彩的簇拥下，俯仰翻滚，时而奋勇冲霄，体现无畏的力量，时而婀娜缠绵，表示有情有义的襟怀，给人以美不胜收的艺术享受。2005年5月，长兴百叶龙入选浙江省首批非物质文化遗产名录。

（5）四川泸州雨坛彩龙：作为一种传统民俗文化，雨坛彩龙的表演重在一个“活”字。表演时，要求舞龙者“动于中而形于外”，“心有性情，手显神色”，人与龙的情感交融。表演中，龙与宝纠缠连绵，使观赏者不仅从中领略到巨龙夺宝的恢宏气象，而且可以感受到中国龙鲜活灵动的生命情态及不屈不挠的民族性格。整个表演以热烈并川味浓郁的锣鼓吹打乐伴奏，音乐紧密配合龙的表现情绪和动作速度，既有旋律的可听性，又增强了龙舞场面的恢宏气势。鉴于此，“雨坛彩龙”曾获得“东方活龙”的美誉。

（6）中山市的醉龙舞：醉龙舞又称剪龙、转龙，是流行于广东中山、珠海、澳门一带的舞蹈，因起舞时要醉态蒙眬，故名。

创新 实践活动异想天开

看！两条龙在绚烂的光辉下跳着、跃着、蹦着，仿佛驾雾于腾云中，在锣鼓喧天中设防着光彩。

学生表演舞龙

结语 传承非遗五育并举

关于龙舞文化的价值和意义

它传承了传统文化，增强了民族认同感，传承和发扬了团结统一的中华民族精神，并且满足了人民精神娱乐的需要。龙是我们的中华图腾。龙舞是我们跟古人精神相系的纽带，只要龙舞还能继续，我们的精神文化就能不断被传承下去。这是我们的责任，也是我们与龙舞的奇妙缘分。

英歌舞——百年英歌，匠心传承

周 园

发现 挖掘生活中的非遗

宋江在《水浒传》里的绰号是什么？是及时雨。

明清初绍兴名士张岱《陶庵梦忆》书中“及时雨”一节，说：“壬申七月，村村祷雨，日日扮潮神海鬼。余中扮水浒……三十六人，个个呵话，臻臻至至，人马称女足而行……”从中看出，这是一种包含舞蹈成分的化装游行活动。

求雨为什么要扮水浒？张岱说可能是因为水浒英雄的大哥宋江的绰号“及时雨”。我们常说：北有安塞腰鼓，南有普宁英歌。“及时雨说”是英歌舞的其中一种由来的说法。

那为什么英歌舞会被这样命名呢？

英歌，顾名思义，英歌是英雄的赞歌，它被认为是扬正压邪、吉祥平安的象征。关于英歌舞的起源，众说纷纭。有人说是从祭孔的仪式中得到启发；有人说是受戏曲舞台上所演的梁山泊好汉的故事影响，从舞台搬向广场，从少数演员的舞台演出化成群体性的广场表演；也有人认为是受农村游神赛会传统节日摆花灯屏或纱灯屏和赛桌等的启发而演变来的，甚至还有外江戏说、少林寺说。刚才上文提到的“及时雨说”，便是其中一种比较合理的解释。

潮汕英歌舞是广东省潮汕地区的传统民俗舞蹈，在潮汕流传了 300 年之久，这种广场舞蹈属大型集体舞，融汇了戏剧、舞蹈、武术等成分，舞蹈阳刚而恢宏，演绎着梁山泊英雄豪举，现在成了中国劳动人民表达喜庆的一种方式。主要流行于粤东及闽南部分地区，盛行于粤东大南山周边的潮阳、惠来及普宁等地区。它与苍劲、凝聚了黄土地厚重感的陕北腰鼓相媲美，被誉为中国汉族男子汉典型舞蹈。

英歌队员的装扮，是按梁山好汉的形象来打扮的。司大鼓的有做宋江打扮的，也有做别的梁山英雄打扮的，一般来说，领头的舞槌人，左队头槌是秦明或者是挂黑须的李逵，右队是杨志或者是挂红须的关胜，二槌是

潮汕英歌舞

林冲，三槌是鲁智深、武松。

英歌舞的队形一般是两列，人数一致。这样一来就有利于游行的时候保持队伍的整齐，同时这两列队伍还能随时变化成各种对称或者不对称的阵形。

英歌舞队游行

“咚！咚！咚！”伴随着潮州大锣鼓的鼓声，一群脸上画着脸谱的舞者，双手持短木棍，身着古代服装，伴着音乐声，跳起极有节奏感的舞蹈。鞭炮声不时响起，鼓声震天，围观人群爆发出阵阵欢呼，小孩聚精会神地看得发呆，狗狗们也耷拉着舌头，难得地安静下来。这就是普宁英歌舞，烙印在粤东人基因里的文化传承。

2006 年 5 月 20 日，广东省普宁市、汕头市、陆丰市联合申报的英歌经国务院批准被列入第一批国家级非物质文化遗产名录。2004 年中法文化年，在巴黎的中国游行队伍中，也出现英歌舞的身影。2011 年 5 月 23 日，陆丰市英歌（甲子英歌）被录入国家级非物质文化遗产扩展项目名录。

寻根 扫码观看前世今生

英歌舞是流行于广东潮汕地区的一种民间舞蹈，属大型集体舞，演绎着英雄的豪举。2006 年 5 月 20 日，英歌（普宁英歌、潮汕英歌）被批准列入第一批国家级非物质文化遗产名录。

问道 拓展阅读学艺知技

英歌舞主要表演形式为大型集体舞，舞者双手各持一根短木棒，上下左右互相对击，动作健壮有力，节奏强烈。舞后还有歌舞小戏，称“英歌后棚”。英歌舞属汉族广场情绪舞蹈，广东汕尾市、陆丰市、汕头市和普宁市是英歌舞最盛行的县市，根据民间艺人的口耳辈传和一些佐证资料的介绍，潮阳英歌源溯明代。英歌舞的表演独具魅力，它以刚劲、雄浑、粗犷、奔放的舞姿，构成了磅礴、威武、强壮、豪迈的气势，给人以力与美的震撼。

最经典的作品是《三打祝家庄》，改编自小说《水浒传》的情节，以一种粗犷而又有力的舞蹈动作，为我们再现梁山好汉当年的英姿飒爽。

看一本《水浒传》，再欣赏一段英歌舞，不失为一种真正的享受。

1. 英歌脸谱

英歌舞阵法乱而有序，而唯一不变的是那象征着英雄化身的具有艺术张力的英歌脸谱。

为了更加详细地了解英歌脸谱，我们走近了棉湖龙头城英歌队，队中为队员画脸的洪叔向我们介绍了英歌队的英歌脸谱。英歌脸谱与京剧的脸谱概念颇为相似，是一种在英歌舞舞者脸上的绘画，用于演出时的化妆造型。英歌舞的脸谱是根据梁山好汉的不同形象进行设计绘画的，除了一些生旦角色外，一般都是重施油彩、图案复杂的。据传，英歌脸谱是古时傩舞面具的一种简化，有祭祀驱邪之意。

龙头城英歌队最早出现在清末，兴于 20 世纪 30 年代，由蔡理华执教，当时正值国难当头之际，表现了棉湖人义勇尚武、同仇敌忾的民族精神；而当时物质匮乏，英歌脸谱的绘画较为简单，没有如今的明亮生动。为了画好英歌脸谱，传承这古老的技艺，更好更帅气地把英歌舞展现在人们面前，洪叔用他手中的那支画笔，为英歌舞者勾勒出一张张生动的、充满英雄气息的脸谱。

英歌舞中除几位主角被赋予水浒英雄名字外，大部分无名，脸谱是鬼脸，多显凶煞之气，可见其主要为驱鬼逐疫之用；它主要在农村中表演，至今仍被邀入家中，各个角落跳一遍，直接目的是驱除恶疫病疬之鬼，祈求平安。英歌舞演员有的在衣背后画交叉的双剑，这也是古傩礼中用桃木剑驱鬼的遗存；英歌舞演员配合动作发出各种声音，有时是尖叫，这是仿鬼叫的遗存。

英歌舞雄浑大气，而英歌脸谱则赋予了英歌舞舞者英雄的灵魂，也许正是那鲜明的色彩、量身定做的脸谱勾勒纹理，才让英歌脸谱更能凸显其个性，让我们欣赏到属于英歌舞的豪迈。

破旧俗弘扬英歌舞

2. 传承人物

今天的普宁英歌备受关注、美名远扬，离不开一代代英歌传承人的不懈努力，而国家级非遗传承人陈来发正是其中的佼佼者。1957 年，陈来发出生于快板英歌舞之乡普宁南山村，当地人世代表演英歌舞，村里小孩自小耳濡目染，英歌舞对他们来说就是家常便饭，往往放下饭碗，拿起筷子便能舞起“槌花”玩。陈来发 18 岁开始练习英歌舞，不到三年时间，他就成为普宁南山英歌舞队的第九代“头槌”，33 岁起接任南山英歌队教练，39 岁起至今任南山村英歌队队长。

“要学就一定要学精，要做就要做到最好。”说起学习英歌舞，陈来发表示，学会英歌的基本动作和队形很容易，但要真正领略英歌的精粹，则需要长年累月的训练，“要干脆利落、迅猛洒脱，做到眼到手到神到……”谈起英歌，陈来发如数家珍，还顺手拿起两根鼓棍舞了起来，虽已年逾花甲，动作依旧如行云流水，威风凛凛，气势十足。

现在的普宁英歌是在继承传统的基础上发展起来的，造型、动作都更加丰富，只有在继承传统的基础上与时俱进，才能舞得更好、走得更远。从艺 40 多年来，陈来发不断创新改编英歌舞的表演形式，丰富英歌舞的表演内容，更是改变了普宁英歌传承“一师一徒”的守旧模式，培养英歌舞后继力量。

尽管已不再年轻，但陈来发对英歌始终保留着一份难以言说的热情："只要画上脸谱、穿上戏服、拿起双槌，就觉得浑身都有使不完的劲。"

3. 传承故事

推广：小乡村走向海内外

舞了几十年，对于陈来发来说，最难忘的莫过于2008年，普宁南山英歌作为"广东文艺奥运军团"的一员，在北京天安门广场表演了《英歌飞进北京城》，6分钟的精彩表演惊艳了全球观众。

"我们就是一群农民，能去到天安门前表演，真的是想都不敢想！"回忆当年在首都的精彩表演，陈来发至今依旧激动不已。他说当时他和队员心里都铆着一股劲，一定要把英歌舞最精彩最好的一面展现出来，因为，他们不只代表着普宁，还代表着整个潮汕和广东，"能参加这样的演出，一辈子难忘"。

此后，陈来发带着英歌舞团队参加了2013年的上海世博会、第十七届国际潮团联谊年会、2016年的台湾第三届"守望精神家园——两岸非物质文化遗产月"……英歌舞从被戏称为"省尾国角"的潮汕地区，真正走向了大舞台、走向海内外。

"普宁英歌有今天的成就，离不开前辈们付出的心血。"陈来发展示着自己珍藏的前辈们留存下来的英歌舞服饰、道具、奖牌等，表示英歌队早在1953年就进京参加过中国首届民间音乐舞蹈会演，只不过那时候的信息传播不如现在，所以很多外地人不了解。"我们要传承精华、不断创新，才能超越前人，越舞越红。"陈来发说。

创新 实践活动异想天开

英歌舞主要的表演器具是一根不是很长的圆木棒，称为"英歌槌"，"英歌槌"的长度一般为1.2尺到1.8尺（1尺＝0.3333米）。

一般参加英歌队者都应是年轻力壮、英武潇洒的小伙子。表演英歌舞者在平时的生活中和周围群众关系极好，朋友也多。姑娘们对他更有一种爱慕之情，常常从英歌队中挑选自己的意中人，特别是头槌和二槌，更是姑娘们追求的对象。跳英歌舞历来被视为吉祥的化身，人们认为跳英歌舞是"好彩头"，这年谁能够进入英歌队，这年办事就顺利，事事如意。

英歌是英雄的赞歌，根据舞蹈节奏的板式分为慢板英歌、中板英歌和快板英歌三种，在广泛的流传中形成不同的流派、风格。

“醉槌”英歌

慢板英歌节奏较慢，所用舞棒比其他流派长，其基本舞法是三下槌或四下槌构成一组动作，慢中见势，势中显气，凝重古朴而又舒展优美。此外，还有“醉槌”英歌，舞者舞时形似醉汉，别具神韵。慢板英歌主要流传于潮阳的棉北、文光、城南一带。

中板英歌的节奏较之慢板英歌略快，基本舞法有打 5 棒、打 7 棒构成一组动作的，也有打 8 棒、10 棒、11 棒、13 棒构成一组动作的。中板英歌锣鼓点与慢板英歌有明显的不同，前者鼓点中间，有停顿和拉长，后者则是连续敲点。中板英歌主要也流传于棉北、文光、城南一带，其特点是稳健中见潇洒，古朴中现圆活。

快板英歌的节奏快，鼓点紧，并随着队伍的阵势开合而多变，所用的英歌槌较短，运槌灵便。快板英歌一般分为三类：对打套式、南山文派和南山武派。

英歌舞主要是演《水浒传》故事，借梁山泊好汉的英雄故事来表演歌舞的，表演人数不超过 108 人。潮安文里英歌的内容，与潮汕其他地区的英歌大致相同，主要是表现梁山好汉化装攻打大名府营救卢俊义，其主要情节有下山打探、急水渡泊、化装卖艺、乘机闯府、救卢出府、英雄会师、凯旋归山、欢庆团圆等。在明快的音乐节奏中，舞蹈演员边舞边吼，虎虎生威，且在舞动过程中不断地变换着队形，组合成“天罡图”“满天星”“双金钱”“众星捧月”“打中街”“双龙吐瑞”等阵形。潮安文里英歌的动作主要有洗街、藏剑、单 / 双镖枪、背槌、过跨、勾脚等。舞者们手持英歌槌交错翻转叩击，其动作豪放、阳刚威武，配合着震天的鼓声、英歌槌猛击的声音，用刚劲、雄辉的脚步，踏出一个波澜壮阔的世界，展示出不可抑制、直冲九霄的力量与豪情。

英歌舞的简单动作：

一是持棒与肩平，扣棒在胸前，平臂，马步，前进多用侧踏步。这以流沙周围的南山、新坛村为代表。二是扣棒在胸上，高提臂、高提腿、单跳步、丁字马，有生魄，有声势，运棒灵活。此类以下架山的涂坑、咸寮及占陇的下村等为代表。三是以燎原的泥沟、大坝的白坑村为代表，其基本动作是扣棒在下，从下而上，又提臂、单踢腿，动作矫健、轻灵，富有舞蹈感。

结语 传承非遗五育并举

源溯明代、传承至今的英歌舞是国家级非物质文化遗产、潮汕文化的重要代表，融会了喜剧、舞蹈、武术等表现形式，拥有“南国雄风”“中国民间舞蹈之根”的美誉。其奔放热烈的舞姿、磅礴豪迈的气势，展现了一代代潮汕人“团结拼搏，勇往直前”的精神面貌，是潮汕地区最具深厚底蕴的文化软实力。

英歌舞不仅充实着群众的娱乐生活、强健着人们的体魄，也能够通过阳刚的舞蹈激发起民族自信心和自豪感。英歌舞在地方社会发展中发挥着教化群众、传承文化、健身娱心的社会功能。但是，随着经济和社会的急剧变迁，文化生态发生剧烈的变化，英歌舞已失去往日的光彩，濒临断代失传的危险，亟待抢救保护，当地学习英歌舞的年轻人愈来愈少，这一民间艺术也面临传承的困境。需要我们一起传承非遗，保护非遗。

【拓展资源】

推荐电影：《英歌魂》

《英歌魂》电影海报

电影讲述了两代人与潮汕非物质文化遗产英歌舞的故事。《英歌魂》由《这！就是街舞》的人气选手田一德、陈妍臻两位专业舞者担纲男女主角。作为首部讲述潮汕地区非物质文化遗产的影片，《英歌魂》不仅有街舞大神加持，更有深刻的传统文化内核作为支撑。2006 年，潮汕普宁英歌入选第一批国家级非物质文化遗产，然而，新潮文化的涌入、传承人的缺失，使传统文化遭到了冲击，传承创新刻不容缓。于是，电影《英歌魂》便创造出了将传统英歌舞与现代街舞相结合的艺术形式，为传承宝贵的文化遗产不断努力着。